はしがき

I　筆者は、1978年、米国コロンビア大学ロースクールに留学した。

日本の衆院選では、公示から投票日まで最短で12日間しかない。

米大統領選の選挙運動の期間は、日本と比べると、えらく長い。

私は、22才の米国人クラスメイトに、米国の大統領選の選挙運動は、なぜ延々と長期間続くのか、その理由を聞いた。日本人の私から見ると時間とエネルギーの浪費のように思えたので。

彼いわく、

「大統領選は、選挙という形式をとっているが、実は、戦争なんだ。共和党を支持するグるグループの戦争なんだ。南北戦□□□□□□□□□□方で70万人もの軍関係者が死んだ□□□□□□□□□政治の意見の争いは、大統領選で□□□□□□□□□統領職（即ち、行政権）を独占す□□□□、と割り切ったのだ。だから、予備選を含めると2年半超もの長い期間、米国市民は、草の根で、延々と選挙運動をやるのだ。それでも、戦争で殺し合うよりマシだからね。

それにしても、日本の公示から投票日までの期間がたったの12日とは驚いた。それで選挙運動になるのかね？」と。

筆者は、この時初めて「選挙が、民主主義国家の心臓だ」と知った。感動した。

筆者は、この情報を知った者として、この情報を他に伝える責任があると思った。

II　この時から31年後になってしまったが、2009年に、筆者は、久保利英明弁護士と共に、全国の各高裁で人口比例選挙（一人一票選挙）訴訟を提訴すべく、弁護士、市民に訴訟への参加を求めた。

以後今日まで、国政選挙ごとに、各地の有志弁護士、有志市民が、一人一

票訴訟に参加している。

　2009～2019年の10年間、全ての全国の一人一票訴訟に参加している弁護士は、久保利英明弁護士、伊藤真弁護士、筆者の３名である。

　筆者らの弁護士グループ（以下、筆者ら弁護士グループともいう）は、2009～2019年の間に、国政選挙ごとに、全国の全14高裁・高裁支部に人口比例選挙裁判を提訴し続けた（但し、2009年衆院選のみ、８高裁・高裁支部に提訴）。

　2010年～今日までの期間について言えば、伊藤真弁護士を信頼する人々が、参院の国政選挙ごとに、参院選の全47（当時）～45選挙区で、原告となり、同じく衆院の国政選挙ごとに、衆院選の全300（当時）～289小選挙区で、原告となっている。

　全選挙区（参院選）、全小選挙区（衆院選）で原告が立つ理由は、唯一、全選挙区で、選挙無効判決を獲得するためである。

その理由を詳しく説明すると、以下のとおりである。
① 昭和51（1976）年最高裁大法廷判決（衆）は、大要、下記理由で、選挙は、違憲であるが、有効である旨の事情判決を下した。
　　【 ①当該裁判対象の選挙区が千葉１区の１でしかなかったことから、千葉１区のみ選挙無効とすると、
　　　　一方で、千葉１区の有権者は、国会議員を選出できなくなり、他方で、残余の選挙区の有権者は、有効に国会議員を選出するという憲法の所期していない不都合が生じる。
　　　②この憲法の所期しない不都合を回避するために、当該選挙は、違憲違法であるが、有効である旨の事情判決が求められる。】

② 昭和51（1976）年当時は、比例代表制選挙は存在しなかったが、2009年当時は、衆参両院とも、既に比例代表制が併用されていた。そのため、衆院選（小選挙区）及び参院選（選挙区）のいずれも、全小選挙区選

挙、全選挙区選挙につき選挙無効判決が出ても、裁判対象外の各比例代表の国会議員が存在するので、両院とも定足数を満たし、国会活動を継続して実行し得る。

　したがって、衆院選の全小選挙区、参院選の全選挙区で、違憲無効判決が下されても、両院は、何の不都合も生じないことになる。

　即ち、全小選挙区、全選挙区で、原告が立つことにより、違憲無効判決獲得のための障害を除くことができるのである。

③　したがって、事情判決の回避のためには、【衆院選（小選挙区）と参院選（選挙区）のいずれについても、全小選挙区と全選挙区で、原告が立つこと】は、極めて重要な訴訟戦略である。

Ⅲ　1962年に故越山康弁護士は、日本で初めて一票の格差選挙無効訴訟を提訴し、爾後、一票の格差選挙無効訴訟提訴・訴訟活動を2009年（没年）まで、一貫して継続された。

　故越山弁護士らは、1976年に、一票の格差・4.99倍の衆院選は違憲違法とする事情判決を、1993年に、一票の格差・3.18倍の衆院選は違憲状態とする違憲状態判決をそれぞれ獲得し、1996年に、一票の格差・6.59倍の参院選は、違憲状態とする違憲状態判決を獲得した。

　故越山弁護士が、2009年に亡くなられた後、山口邦明弁護士らが故越山弁護士らの裁判活動を承継している。

　筆者ら弁護士グループは、2009年以後、山口弁護士グループの裁判活動に併行して、裁判活動を行っている。

Ⅳ　2009〜2019年の10年間で、筆者ら弁護士グループは、106の高裁判決と7の最高裁大法廷判決（すなわち、5の「違憲状態」大法廷判決と2の「留保付合憲」大法廷判決）を得た。

　同106の高裁判決の内訳は、2の違憲無効判決、20の違憲違法判決、48の違憲状態判決、24の留保付合憲判決、12の留保無しの合憲判決である。

同106の高裁判決のうち、4の「違憲違法」高裁判決、2の「違憲無効」高裁判決及び1の「違憲状態」高裁判決の合計・7の高裁判決は、いずれも、【憲法は、「人口比例選挙」を要求する】旨の判決（「人口比例選挙」判決）であった。

更に、山口弁護士グループに属する金尾哲也弁護士ら提訴の広島高判平成25年3月25日の「違憲無効」高裁判決も「人口比例選挙」判決であった。即ち、「人口比例選挙」高裁判決の合計は、既に8に上っている(後掲注7)〈本書8頁〉参照)。

この、8という数字は、小さな数字ではない。

V 1 2011〜2017年の7年間に言渡された6の最高裁大法廷判決（以下、大法廷判決ともいう）により、選挙区間の有権者数較差は、衆院選（小選挙区）で、2.30倍から1.98倍に縮小し、参院選（選挙区）で、5.00倍から3.00倍に縮小した。

2 人口比例選挙では、人口の50％が衆参両院の各院の全議員の50％を選出する。この「50％」が、決定的数字である。なぜならば、両院の議事は、多数決のルール（即ち、50％超の賛成投票又は反対票により可決又は否決するルール）によっているからである（憲法56条2項参照）。

2009〜2019年の10年間に提訴された各選挙無効請求訴訟の各最高裁大法廷判決の結果、全人口の何％が全国会議員の50％を選出するようになったかの問題を議論すると、

平成28(2016)年改正法（アダムズ方式採用）により、2022年以降の衆院選では、全人口の48％が、全衆院議員の過半数（50％超）を選出することになる。即ち、人口比例選挙まで、残り2％（2％＝50％−48％）にまで肉薄する。

他方で、参院選では、2010年に、全人口の40％が参院議員の過半数を選出したが、2017年参院選では、全人口の45％が参院議員の過半数を選出した（下記X〈本書72〜76頁〉参照)。

2009年～今日までの10年間を振り返ると、2011～2017年の7年間に言渡された6の最高裁大法廷判決を受けて、繰り返し法改正が行われ、結果として、日本は、人口比例選挙の国（一人一票の国）に向かって着実に前進している。

　山は動き始めた。

3　ここで、新聞意見広告について触れたい。一人一票実現国民会議（NPO法人）は、合計180回の新聞意見広告（全面広告又は半面広告）で、

　　① 憲法56条2項、憲法1条、憲法前文第1項第1文冒頭の定めが人口比例選挙（一人一票選挙）を要求しているという情報（統治論）；

　　② 最高裁判所裁判官国民審査の投票権が、主権を有する国民の選挙権と並ぶ2大参政権の1つであり、最高裁判所裁判官国民審査の投票は、国民の主権の行使そのものであるという情報；

　　③ 最高裁判所裁判官国民審査の対象の最高裁判所裁判官が、かつて関与した判決（もしあれば）において、その最高裁判所裁判官が、人口比例選挙に賛成の意見であったか、反対の意見であったかという情報

を国民に向けて発信した。

　この新聞意見広告は、岡田甲子男氏個人（アリアケジャパン株式会社〈東京証券取引所一部上場〉 創業者）、筆者、伊藤真弁護士、久保利英明弁護士、一人一票実現に賛同する人々が拠出した資金によるものである。

Ⅵ　本書は、【憲法56条2項、1条、前文第1項第1文冒頭の定めは、人口比例選挙を保障している。2019年参院選（選挙区）は、憲法の人口比例選挙の要求に反しているので、違憲である】という統治論の詳細を記述するものである。

　筆者は、久保利英明弁護士、伊藤真弁護士、黒田健二弁護士との議論・

助言を得て、2019年7月21日施行参院選（選挙区）（以下、本件選挙ともいう）の無効請求事件に係る上告理由書を執筆した。

　本書は、同上告理由書記載の内容に沿うものである。

＊＊＊＊

目　次

1．判例、文献等については、以下の略語を用いる場合がある。

大法廷判決	最高裁判所大法廷判決
最大判（決）	最高裁判所大法廷判決（決定）
最判（決）	最高裁判所小法廷判決（決定）
高判（決）	高等裁判所判決（決定）
地判（決）	地方裁判所判決（決定）
民集	最高裁判所民事判例集
刑集	最高裁判所刑事判例集
集民	最高裁判所裁判集民事
訟月	訟務月報
判時	判例時報
判タ	判例タイムズ
選挙人（又は選挙人ら）	筆者ら弁護士グループが代理して提訴した、選挙無効請求訴訟の原告（又は原告ら）
本件訴訟	筆者ら弁護士グループが代理して提訴した、本件選挙の選挙無効請求訴訟
本件選挙	2019年7月21日施行参院選（選挙区）
平成27年改正法	公職選挙法の一部を改正する法律　平成27年法律第60号
平成28年改正法	公職選挙法の一部を改正する法律　平成28年法律第49号
平成30年改正法	公職選挙法の一部を改正する法律　平成30年法律第75号

2．被引用文の中の漢数字は、算用数字に変更した。

筆者は、令和1（2019）年7月21日施行参院選（選挙区）（以下、本件選挙ともいう）の無効請求訴訟の原告又は原告（複数）の訴訟代理人の1人である。

　筆者は、憲法56条2項（「両議院の議事は、……出席議員の過半数でこれを決し、」）、憲法1条（「主権の存する日本国民」）、憲法前文第1項第1文冒頭（但し、「日本国民は、正当に選挙された国会における代表者を通じて行動し、」）は、人口比例選挙を要求している、と主張する（統治論）（升永英俊執筆「上告理由書」38〜116頁　升永英俊、久保利英明、伊藤真、田上純『清き0.6票は許せない！』〔現代人文社、2010年〕参照）。

　【本件選挙が、憲法56条2項、憲法1条、憲法前文第1項第1文冒頭の人口比例選挙の要求に反するので、違憲無効であること】を論証するために、議論を下記 I 〜 XI（本書1〜82頁）の11に分けて、順を追って、議論することとする。

I　憲法56条2項、1条、前文第1項第1文冒頭は、人口比例選挙を要求する（統治論）（主位的主張）：（本書1〜11頁）

1　過去の各選挙無効裁判で、各最高裁大法廷は、一貫して、各裁判の争点を**憲法14条等に基づく人権論**の枠内で捉えて判断してきた。

　しかしながら、この憲法14条等に基づく人権論は、「定数配分又は選挙区割りが前記のような諸事情を総合的に考慮した上で投票価値の較差において憲法の投票価値の平等の要求に反する状態に至っているか否か」（平成27年大法廷判決（衆）参照）という判断基準を用いるものであって、ハッキリ言って、決め手を欠く、**匙加減論**である。

　この憲法14条等に基づく人権論は、

　　　【選挙とは、「**主権**」を有する国民（憲法1条）が、「**主権**」の行使として、「**両議院の議事**」（憲法56条2項）を「**正当に選挙された国会における代表者を通じて**」（憲法前文第1項第1文冒頭）、（即ち、間接

的に、）国民の多数（即ち、50％超）の意見で、可決・否決するために、国会議員を選出する手続である】

という、**選挙における国民の「主権」行使の本質論を欠く**という、憲法論としての欠陥を含んでいる。

2（本書2～6頁）

　筆者は、この**選挙における国民の「主権」行使の本質**を正面から捉えて、【憲法56条2項、1条、前文第1項第1文冒頭は、人口比例選挙を要求する（**統治論**[1]）。したがって、本件選挙は、憲法56条2項、1条、前文第1項第1文冒頭の人口比例選挙の要求に反し、違憲であり、憲法98条1項後段に従って「その効力を有しない」】旨

主張する。

　上記統治論につき、論点を下記の**論点1～6**の6つに分け、順を追って議論する。

　　論点1：「主権」（憲法1条）とは、**「国の政治のあり方を最終的に決定する権力」**[2]である。

1）升永英俊「人口比例選挙（その1）」法学セミナー2019/3　No.770（日本評論社、2019年）4頁、「人口比例選挙（その2）」法学セミナー2019/4　No.771（日本評論社、2019年）52頁、「人口比例選挙（その3）」法学セミナー2019/5　No.772（日本評論社、2019年）58頁。

2）編集代表　竹内昭夫・松尾浩也・塩野宏『新法律学辞典〔第3版〕』（有斐閣、1990年）683頁。なお、編集代表　金子宏・新堂幸司・平井宜雄『法律学小辞典〔第3版〕』（有斐閣、1999年）537頁は、「主権」を「国家の政治のあり方を最終的に決定する力の意」と定義する。

　　清宮四郎『憲法Ⅰ』（有斐閣、1962年）93頁は、「主権」を「国政についての最高の決定権」と定義する。故芦部信喜（著者）・高橋和之（補訂者）『憲法〔第6版〕』（岩波書店、2016年）40頁は、「主権」を「国の政治のあり方を最終的に決定する力」と定義する。長谷部恭男『憲法〔第7版〕』（新世社、2018年）13頁は、「主権」を「国政のあり方を最終的に決定する力」と定義する。

2

論点2：「両議院の議事」（憲法56条2項）を可決・否決することは、「主権」の内容たる、【「国の政治のあり方を最終的に決定する」こと】に含まれる。

論点3：「国民」（憲法1条）が、「主権」を有する（憲法1条、前文第1項第1文）。

論点4：したがって、「主権」を有する国民が、「主権」の内容の一たる、「両議院の議事」を可決・否決する権力を有する。

論点5：国民は、「主権」を有する者として、どういう手続で、この【「両議院の議事」の可決・否決を決するという「主権」】を行使するのかにつき、下記(1)〜(2)（本書3〜5頁）で、検討する。

 (1)「両議院の議事」は、「多数決」、「少数決」のいずれで之を決定するか、を論ずれば、「少数決」ではなく、**多数決**（即ち、【50％超の賛成投票又は反対投票による可決は否決】）で之を決定する（憲法56条2項）。

 即ち、**多数決**（即ち、**50％超**の賛成投票又は反対投票で議事を可決又は否決するルール）が、統治論の**肝**である（下記Ⅹ3〜6〈本書74〜76頁〉参照）。

 国民は、「両議院の議事」につき、「**正当に選挙された国会における代表者を通じて**」（同前文第1項第1文冒頭）、「**出席議員の過半数でこれを決**」（同56条2項）すという方法（即ち、**多数決**）（換言すれば、**間接的な多数決の決議方法**）で、「主権」を行使する。

 ここで、憲法前文第1項第1文冒頭（「日本国民は、正当に選挙された国会における代表者を通じて**行動し、**」（強調　引用者））の中の「**行動**」（強調　引用者）とは、【国民が、「両議院の議事」の決定につき、「**正当に選挙された国会における代表者を通じて**」、「**主権**」（即ち、

「国の政治のあり方を最終的に決定する権力」^{2) (本書 2 頁)} を行使すること】を含む。

(2) 一方で、非「人口比例選挙」（即ち、一票の価値の較差のある選挙）では、【全人口の50%が、衆参両院の各院の全議員の50%を選出すること】が保障されない。

非「人口比例選挙」の場合は、（国民の半数未満（50%未満）から選出されたに過ぎない）【国会議員の過半数（50%超）】の賛成又は反対の投票が、（国民の過半数（50%超）から選出された）【国会議員の半数未満】の投票に優越して、「主権」の内容の一たる、「両議院の議事」の可決・否決を決定することが起こり得る。

即ち、非「人口比例選挙」の場合は、【「主権」を有する国民】ではなく、【「主権」を有する国民の代表者に過ぎない国会議員】が、「主権」（即ち、国政のあり方を最終的に決定する権力）を有していることになり得る。

この非「人口比例選挙」の、国民の少数（50%未満）から選出された、【国会議員の多数（50%超）】の意見が、「主権」を有している【国民の多数（50%超）】から選出された【国会議員の少数（50%未満）】の意見に優越して、国政を決定し得るという、【国民ではなくて、国会議員が「主権」を有するかの如き、倒錯した選挙結果】は、憲法1条（「主権の存する日本国民」）の明文に違反する。

更に言えば、非「人口比例選挙」は、同前文第1項第1文冒頭の「日本国民は、正当に選挙された国会における代表者を通じて行動し、」の中の「正当（な）選挙」に該当しない。

他方で、人口比例選挙（即ち、一人一票選挙）では、【全人口の50%が衆参両院の各院の全議員の50%を選出すること】が保障される。

人口比例選挙の場合は、同56条2項に基づき、国民の多数は、人口比例選挙で選出された国会議員を通じて、国会議員の多数決で、「両議院の議事」を決定するという方法で、「主権」を行使する。

これは、同1条（「主権の存する日本国民」）の明文に適う。

これに加えて言えば、人口比例選挙は、同前文第1項第1文冒頭の「日本国民は、正当に選挙された国会における代表者を通じて行動し、」の中の**「正当（な）選挙」**に該当する。

憲法56条2項、1条、前文第1項第1文冒頭の人口比例選挙の要求は、小選挙区、中選挙区、大選挙区、全国区選挙区、選挙区、ブロック制選挙区、比例代表制選挙等のいずれの選挙制度についても、等しく適用される。

論点6：【憲法56条2項、1条、前文第1項第1文冒頭は、人口比例選挙を要求する】旨の議論（統治論）は、代表民主制と矛盾するのではないか、との議論がある[3]が、これについて下記のとおり反論する。

当該議論は、代表民主制には、①人口比例選挙に基づく代表民主制と②非「人口比例選挙」に基づく代表民主制の2つが存することを見落とした議論である。現に、米連邦の全 States（但し、フロリダ State、ペンシルバニア State、ニューメキシコ State を含む）では、米連邦下院議員選挙につき、人口比例選挙に基づく自由委任前提の代表民主制が実施されている[4][5]。

この米国連邦下院議員選挙が示すとおり、代表民主制は、人口比例選挙と両立し得る政治制度である。

統治論は、各院の議員の過半数が、人口の半数未満から選出される非人口比例選挙は、憲法56条2項、1条、前文第1項第1文冒頭の人口比例選挙の要求に反する、と主張するに止まるものである。統治論も、主権者と国会議員との関係は、自由委任であると主張するものである（憲法43条1項）。

（論点1〜6の小括）

　論点1〜6（本書2〜5頁）で議論したとおり、憲法56条2項、同1条、同前文第1項第1文冒頭は、「人口比例選挙」を要求する（統治論）。

3（上記1〜2の小括）(本書6頁)

　本件選挙当日の各選挙区間の議員1人当り有権者数較差（最大）は、3.00倍（但し、概数。以下同じ）であり、本件選挙は、人口比例選挙（一人一票選挙）ではない。

　よって、本件選挙は、憲法56条2項、1条、前文第1項第1文冒頭の人口比例選挙の要求に違反しており、憲法98条1項の明文により無効である（統治論）。

3）工藤達朗「衆議院議員選挙と投票価値の平等」判時2383号132頁：
　「さらに、このような原告の論理では、直接民主制こそが「本来の」「真の」民主制で、代表民主制はいわば「次善の策」として採用されたものにすぎないことになる。現在の通説がどのように考えているかはよくわからない。だが、直接民主制の代替物（次善の策）として代表民主制を採用するのであれば、命令委任が認められなければならない。そうでなければ、主権者である国民の意思と代表者の意思が乖離してしまうからである。しかし、国会議員は全国民の代表であるとする憲法43条は、自由委任の原則（命令委任の禁止）を定めたとするのが最高裁の一貫した判例であり、通説である。自由委任の原則が認められる限り、完全な人口比例原則に基づいて国会議員が選出されても、国民の多数意見と国会議員の多数意見が異なる可能性がある。逆にいえば、もし両者の意見が常に一致するのであれば、選挙以外に国民の意思を問うこと（例えば、憲法改正国民投票）は不要であろう。
　原告が投票価値の平等の根拠として憲法14条1項をあげない理由としては、緩やかな基準で区別の合理性が広く認められ、立法裁量を限定できないというのだろう[4]。客観的法原則としての人口比例原則を根拠にすれば、投票価値が完全に同一であると主張しやすいというのはわからないではない。昭和51年判決も、「選挙における投票という国民の国政参加の最も基本的な場面においては、国民は原則として完全に同等視される」とか、「憲法14条1項に定める法の下の平等は、選挙に関しては、国民はすべて政治的価値において平等であるべきであるとする徹底した平等化を志向するもの」と述べていたが、実際のところごく最近まで選挙権に関して厳格度が増していたようには見えなかったからである。ただし、最近の最高裁判決を見ると、憲法14条1項を根拠としてより厳格な審査を行う可能性も残されているように思われる[5]。」

4　人口比例選挙説の刊行物、裁判例等：(本書7〜8頁)

(1)　17刊行物[6)]は、【憲法は人口比例選挙を要求している】旨記している。

2011〜2019年の間に発表された刊行物に限って言えば、僅かに、1刊行物が、非「人口比例選挙」説である[6)]。

---

4)　升永英俊「人口比例選挙（その3）」法学セミナー2019/05 no.772　59〜60頁

「(2)　米国の米国連邦下院議員選挙につき、フロリダ State（但し、State は、日本では通常、州と和訳されているが、その正確な和訳は、米国連邦（United States of America）を構成している50個の国の中の1個の国の意味である）、ペンシルバニア State、及びニューメキシコ State のいずれにおいても、議員1人当りの最大人口較差は、下記(ア)〜(ウ)のとおり、1人又は0人である。即ち、これらの States での同選挙は、人口比例選挙（1人1票選挙）である。

(ア)　フロリダ State は、全27個の小選挙区（即ち、各小選挙区から議員1人を選出する）からなり、22個の小選挙区の人口は、全て696,345人であり、残余の5個の小選挙区の人口は、全て、各696,344人である。即ち、その全27個の小選挙区の間の最大人口較差は、僅か1人（1人＝696,345人－696,344人）である[35)]。

(イ)　ペンシルバニア State は、全19小選挙区からなり、そのうち、議員1人当り人口の最小の小選挙区の人口は、646,371人：同最大の小選挙区のそれは、646,372人。最大人口較差は、1人（1人＝646,372人－646,371人）である[36)]。

(ウ)　ニューメキシコ State では、全3小選挙区からなり、全3小選挙区の夫々の人口は、全て686,393人であり、最大人口較差は、0人である[37)]。」

[35)]　フロリダ State 米国連邦下院議員選挙区割プラン（2014.8.7）
https://www.flsenate.gov/PublishedContent/Session/Redistricting/Plans/h000c9057/h000c9057_pop_sum.pdf」

[36)]　米国ペンシルベニア State 中部地区連邦地裁（Vieth v. ペンシルベニア State 195 F. Supp. 2d 672（M.D. Pa. 2002））は、2002年4月8日、「Act 1（法律1号）は一人一票の法理を侵害し、一人一票の実現を妨げた」と述べ、更に、ペンシルベニア State 議会に対し、Act 1（法律1号）の憲法違反を解消するための改正法案（a plan）を提出するために、3週間を付与した。新しく立法された Act 34（法律34号）では、選挙区間の最大人口較差は、1人である。」

[37)]　Egolf v. Duran, No. D-101-cv-201102942　ニューメキシコ State 地方裁判所は、2012年1月9日、2010年国勢調査に基づく連邦下院議員選挙区の区割りにつき、ニューメキシコ State の全3小選挙区の選挙区割りにおいて、小選挙区間の人口差がゼロである案を支持した。」

5)　佐藤令（政治議会課）「諸外国における選挙区割りの見直し」国会図書館 調査と情報第782号（2013.4.4）3頁

(2)　8高裁判決[7)]は、【憲法は人口比例選挙を要求している】旨判示した。

(3)　**ア**　衆院選につき、昭和58（1983）年～今日までで、11最高裁判事[8)]は、反対意見、意見又は補足意見の中で、【憲法は人口比例選挙を要求している】旨記述した。

　イ　参院選につき、平成10（1998）年～今日までで、8最高裁判事[9)]は、反対意見の中で、【憲法は人口比例選挙を要求している】旨記述した。

6）①君塚正臣「判例評論」判例時報2296号150頁、②佐藤幸治『憲法〔第3版〕』（青林書院、2003年）479頁、③長谷部恭男『憲法〔第6版〕』（新世社、2014年）176頁、④辻村みよ子『憲法〔第5版〕』（日本評論社、2016年）326頁、⑤安念潤司「いわゆる定数訴訟について（二）」成蹊法学25号88頁（1987年）、⑥阪本昌成『憲法理論Ⅱ』（成文堂、1993年）292頁、⑦長尾一紘『日本国憲法〔第3版〕』（世界思想社、1998年）170頁、⑧渋谷秀樹『憲法〔第2版〕』（有斐閣、2013年）217頁、⑨浦部法穂『憲法学教室〔第3版〕』（日本評論社、2016年）551頁、⑩和田進「議員定数の不均衡」ジュリスト増刊（有斐閣、2008年）185頁、⑪戸松秀典『平等原則と司法審査』（有斐閣、1990年）325・326頁、⑫高見勝利「最高裁平成23年3月23日大法廷判決雑感」法曹時報64巻10号2626頁（2012年）、⑬宍戸常寿「世界の潮　最高裁判決で拓かれた『一票の較差』の新局面」世界2011年6月号（岩波書店）24頁、⑭齊藤愛「平成28年参議院議員選挙と投票価値の平等」法学教室2018/3号No.450　50頁、⑮升永英俊『一人一票訴訟 上告理由書』（日本評論社、2015年）19頁、⑯升永英俊執筆〈36～116頁〉、久保利英明執筆〈6～9頁〉、伊藤真執筆〈10～15頁〉升永英俊、久保利英明、伊藤真、田上純『清き0.6票は許せない！』（現代人文社、2010年）、⑰川岸令和執筆、長谷部恭男編『注釈日本国憲法(2)』（有斐閣、2017年）204頁。

　他方、2011～2019年の間に発表された刊行物に限って言えば、故芦部信喜（著者）・高橋和之（補訂者）『憲法〔第七版〕』（岩波書店、2019年）145頁は、2倍説を維持し、人権論に基づいて、投票価値の最大較差は、「おおむね2対1以上」に開くことは、憲法の要請に反する旨記述する。

7）①福岡高判平23.1.28（違憲違法）（廣田民生裁判長）判タ1346号130頁、②広島高裁岡山支部判決平25.3.26（違憲無効）（片野悟好裁判長）裁判所ウェブサイト、③広島高判平25.3.25（違憲無効）（筏津順子裁判長）判時2185号36頁、④名古屋高裁金沢支部判決平25.3.18（違憲違法）（市川正巳裁判長）裁判所ウェブサイト、⑤福岡高判平25.3.18（違憲状態）（西謙二裁判長）D1-Law.com、⑥東京高判平25.3.6（違憲違法）（難波孝一裁判長）判時2184号3頁、⑦広島高裁岡山支部判決平25.11.28（違憲無効）（片野悟好裁判長）訟月61巻7号1495頁、⑧福岡高判平27.3.25（違憲違法）（高野裕裁判長）判時2268号23頁。

5　選挙人は、裁判所に対し、もし仮に選挙人の主張する統治論を不採用とする場合は、その理由を判決文の中に示されるよう、強く要請する：
（本書9～11頁）

　標記の理由は、下記(1)～(4)（本書9～11頁）のとおりである。

　(1)　筆者ら弁護士グループは、平成21（2009）年に代理して提訴した8個の選挙無効請求訴訟及びそれ以降平成29（2017）年までの間に国政選挙ごとに代理して提訴した84個の選挙無効請求訴訟（即ち、合計・92個の選挙無効請求訴訟[10]）で、当該各選挙は、憲法56条2項、憲法1条、憲法前文第1項第1文冒頭の【投票価値の平等の要求】に反する（統治論）という理由に基づき、【当該選挙は、「違憲無効」である】旨主張している。

　(2)　筆者ら弁護士グループが代理して上告した78個の選挙無効請求訴訟についての、平成23年、同24年、同25年、同26年、同27年、同29年の6個の最高裁大法廷判決は、判決文中に、上告を棄却する理由として、憲法14

8）①山本庸幸裁判官（平成30年大法廷判決（衆））、②鬼丸かおる裁判官（平成30年、同27年、同25年大法廷判決（衆））、③林景一裁判官（平成30年大法廷判決（衆））、④宮崎裕子裁判官（平成30年大法廷判決（衆））、⑤宮川光治裁判官（平成23年大法廷判決（衆））、⑥須藤正彦裁判官（平成23年大法廷判決（衆））、⑦泉徳治裁判官（平成19年大法廷判決（衆））、⑧藤田宙靖（平成19年大法廷判決（衆））⑨福田博裁判官（平成11年大法廷判決（衆））、⑩佐藤庄市郎裁判官（平成5年大法廷判決（衆））、⑪宮崎梧一裁判官（昭和58年大法廷判決（衆））

9）①山本庸幸裁判官（平成29年、同26年大法廷判決（参））、②鬼丸かおる裁判官（平成29年、同26年大法廷判決（参））、③宮川光治裁判官（平成21年大法廷判決（参））④福田博裁判官（平成16年、同10年大法廷判決（参））、⑤尾崎行信裁判官（平成10年大法廷判決（参））、⑥河合伸一裁判官（平成10年大法廷判決（参））、⑦遠藤光男裁判官（平成10年大法廷判決（参））、⑧元原利文裁判官（平成10年大法廷判決（参））

10）全92個の高裁判決は、2個の「違憲無効」判決、20個の「違憲違法」判決、48個の「違憲状態」判決、12個の「留保付合憲」判決、10個の「留保無しの合憲」判決から成る（全92個の高裁判決については、一人一票実現国民会議のホームページの「1人1票裁判とは？」（https://www.ippyo.org/topics/saiban.html）の中に、各選挙ごとの裁判の「原審結果はこちら」の表示があり、そこをクリックすると、各高裁判決結果の一覧表が表示される。その一覧表の中の各高裁判決部分をクリックすると、判決文のPDFが表示される。）

条等に基づく理由（人権論の理由）を記述するのみに止まり、憲法56条2項、憲法1条、憲法前文第1項第1文冒頭の各条規<u>自体</u>を記述しておらず、また憲法56条2項、憲法1条、憲法前文第1項第1文冒頭に基づく統治論を不採用とする理由を記述していない[11]。

　(3)　更に、平成29（2017）年に、筆者ら弁護士グループが代理して上告した14個の選挙無効請求訴訟についての平成30年大法廷判決（衆）は、憲法56条2項、憲法1条、憲法前文第1項第1文冒頭の各条規を、その判決文・13〜14頁で、

　　　「なお、各論旨は、憲法56条2項、1条、前文第1文前段等を根
　　　拠として、本件選挙は憲法の保障する1人1票の原則による人口比
　　　例選挙に反して無効であるなどというが、所論に理由のないことは

11）筆者らの弁護士グループが選挙人らを代理して提訴した全92個の選挙無効請求訴訟についての、平成23年大法廷判決（衆）、同24年大法廷判決（参）、同25年大法廷判決（衆）、同26年大法廷判決（参）、同27年大法廷判決（衆）、同29年大法廷判決（参）、同30年大法廷判決（衆）の合計7個の大法廷判決は、全て、最高裁判所裁判集民事（以下、集民ともいう）に掲載されている。<u>ところが。当該7個の集民には、同選挙人らの上告理由は、掲載されていない。</u>
　<u>筆者ら弁護士グループが代理して提訴した当該7個の大法廷判決は、いずれも、上告理由書を掲載している民集に掲載されていない。</u>
　山口邦明弁護士らグループが代理して提訴した選挙無効請求事件について、の平成23年、同24年、同25年、同26年、同27年、同29年、同30年の7個の各大法廷判決は、民集に掲載されている。そして、当該7個の民集には、山口邦明弁護士ら代理人の上告理由書が掲載されている。
　上記のとおり、同選挙人らの全92選挙無効請求事件の各上告理由書は、全て現在に至るまで、下記③を除き、刊行物未掲載である（但し、下記①、②に掲載）。
　同選挙人らグループの上告理由書：
　　①平成30年3月13日付上告理由書（平成29年衆院選）、升永ブログURL：https://blg.hmasunaga.com/hmadmeqdd/wp-content/uploads/2018/10/b0813e57084a8f2986bb11f27ccc5362.pdf
　　②平成28年11月21日付上告理由書（平成28年参院選）升永ブログURL：https://blg.hmasunaga.com/hmadmeqdd/wp-content/uploads/2016/12/20161214001.pdf
　　③平成27年5月11日付上告理由書（平成26年衆院選）（升永英俊『一人一票訴訟　上告理由書』（日本評論社、2015年）

以上に述べたところから明らかである。」（強調　引用者）

と上告人の主張として、記述するに止まる（裁判所時報1715号１頁、判タ
1458号57頁）。

　即ち、平成30年大法廷判決（衆）は、その判決の理由として、憲法14条
等に基づく理由（人権論）を記述するだけで、筆者ら弁護士グループの憲
法56条２項、憲法１条、憲法前文第１項第１文冒頭に基づく上告理由（統
治論）に対して、憲法56条２項、憲法１条、憲法前文第１項第１文冒頭の
各条規ごとに議論して、憲法56条２項、憲法１条、憲法前文第１項第１文
冒頭に基づく上告理由（統治論）を不採用とする理由を記載していない。

　(4)　当該７個の最高裁大法廷判決は、各判決書の中に、筆者ら弁護士グ
ループが代理して主張した上告人らの上告理由（統治論）を不採用とする
理由を記載していない点で、民訴法253条１項３号、行政事件訴訟法７条、
憲法76条３項（「すべて裁判官は、……この憲法及び法律にのみ拘束される。」）、憲
法99条（「……裁判官……は、この憲法を尊重し擁護する義務を負う。」）に違反する、
と解される（下記Ⅸ〈本書69〜72頁〉参照）。

Ⅱ　参院選の１票の投票価値の平等の要請が、衆院選のそれより「後退してよいと解すべき理由は見いだし難い」と解される。
　　よって、本件選挙当日の各選挙区間の議員１人当り有権者数較差（最大）（3.00倍）は、平成29年衆院選（小選挙区）当日のそれ（1.98倍）より後退しているので、本件選挙は、違憲である　予備的主張〈その１〉：
（本書11〜21頁）

1　「法律案は、この憲法に特別の定のある場合を除いては、両議院で可決したとき法律となる。」（憲法59条１項）：（本書11〜13頁）
　昭和22（1947）〜平成17（2005）年及び同21（2009）〜同24（2012）年

の合計約61年間、政権与党は、衆議院で2／3以上の議席（憲法59条2項）を占めなかった。

本1〜下記2（本書11〜16頁）では、当該約61年間の両院間の立法議案についての各多数意見の対立の歴史について、議論する（なお、平成17（2005）〜平成20（2008）年及び平成24（2012）年〜令和1（2019）年の合計約11年間は、政権与党が、衆議院の全議員の2／3以上を占めるが、この約11年間は、昭和22（1947）〜令和1（2019）年までの約72年間の国会史の中では、例外であることを付言する）。

(1)　憲法59条1項は、「法律案は、この憲法に特別の定のある場合を除いて、両議院で可決したとき法律となる。」
と定める。

(2)　したがって、当該約61年（＝同約72年－同約11年）間、憲法59条1項より、法律案は、衆議院の可決と参議院の可決が、共に存在しない限り、法律にならなかった。
即ち、当該約61年間、衆議院も参議院も、それぞれ、**全く同等に**、【相手方たる院（即ち、衆議院にとっては、参議院；また参議院にとっては、衆議院）が実質的に提案した法律案を法律にすることについての最終的決定権（即ち、拒否権）】を有していた。

(3)（上記(1)〜(2)の小括）
そうである以上（即ち、衆議院も参議院も、それぞれ、全く同等に、【相手方たる院（即ち、衆議院にとっては、参議院；また参議院にとっては、衆議院）が実質的に提案した法律案を法律にすることについての最終的決定権（即ち、拒否権）】を有している以上）、参院選の1票の投票価値の平等の要請が、衆院選のそれより「後退してよいと解すべき理由は見いだし難い」と解される。
もし仮に、国がそうでないと主張するのであれば、国は、その主張を裏付ける合理的理由の存在の立証責任を負担する、と解される。

ところが、本件裁判において、国は、当該立証責任を果していない。

したがって、本件選挙当日の各選挙区間の議員1人当り有権者数較差（最大）（3.00倍）は、衆院選のそれ（1.98倍）（平成30年大法廷判決（衆）参照）より後退しているので、本件選挙は、違憲である、と解される。

2　当該約61年間に、衆議院の多数意見（50％超の意見）と参議院の多数意見（50％超の意見）が、最終的決議の直前まで又は最終的決議まで、対立した立法事案が、15個あった。その15個の立法事案の全てにおいて、参議院の多数意見が、法律の成立・不成立を決定した：（本書13〜16頁）

(1)　当該約61年間の国会の歴史の中で、法律案の成立につき、衆議院議員の多数意見と参議院議員の多数意見が、最終的な決議の時点の直前まで対立し、その最終的な決議の直前に、衆議院が、参議院の修正案に全て同意して法律となった事例が、下記（本書14〜15頁）①〜⑤、⑩〜⑪、⑬〜⑭の9個のみ存在した。

同9個の事例では、衆議院の多数意見を占める議員が与党を構成しており、その政権与党内閣が同9個の法律案の提案をした。

衆議院で多数を占める政権与党は、同9個の法律案が、国政にとって重要であるとみて、国政を担う政権与党として、憲法59条1項に従って、衆議院議員の多数意見が、最終的に参議院議員の多数意見の全修正要求を受け入れて、法律となった。

(2)　他方で、当該約61年間で、衆議院議員の多数意見と参議院議員の多数意見が、最終的な決議の時点まで対立した事例が、下記（本書14〜15頁）の*⑥〜*⑨、*⑫、⑮の6個存在した。この6個の各法律案は、いずれも廃案となった。

【15個の立法事案】

① 昭和22（1947）年8月、第1回国会（片山内閣）で、参院は、労働省設置法案を修正し、同法は、参院の議員の多数意見（50％超の意見。以下、同じ）の修正どおりの内容で、成立した（竹中治堅　政策研究大学院大学教授『参議院とは何か1947〜2010』〈中央公論新社、2010〉321頁、衆議院ホームページ）。

② 昭和23（1948）年7月、第2回国会（芦田内閣）で、参院は、国家行政組織法案を修正し、同法は、参院の議員の多数意見の修正どおりの内容で、成立した（同321頁。衆議院ホームページ）。

③ 昭和25（1950）年11月召集の第9回国会（吉田内閣）で、参院は、地方公務員法案を修正し、同法は、参院の議員の多数意見の修正どおりの内容で、成立した（同321〜322頁、衆議院ホームページ）。

④ 昭和26（1951）年10月召集の第12回国会（吉田内閣）で、参院は、行政機関職員定員法改正法案を修正し、同法は、参院の議員の多数意見の修正どおりの内容で、成立した（同322頁、衆議院ホームページ）。

⑤ 昭和26（1951）年12月召集の第13回国会（吉田内閣）で、参院は、1破壊活動防止法案；2大蔵省設置法改正案；3農林省設置法改正法案をそれぞれ修正し、これらの法は、いずれも参院の議員の多数意見の修正どおりの内容で、成立した（同322頁、衆議院ホームページ）。

*⑥ 昭和27（1952）年7月、第13回国会（吉田内閣）で、参院の議員の多数は、法案審議を進めなかったため、国家公務員法改正法案は廃案となった（同322頁）。

*⑦ 昭和36（1961）年6月、第38回国会（池田内閣）で、参院は、その多数意見で、政治的暴力行為防止法案の成立を阻止し、廃案とした（同324頁）。

*⑧ 昭和37（1962）年4月、第40回国会（池田内閣）で、参院は、その多数意見で、産業投資特別会計法改正法案の成立を阻止し、廃案とした（同324頁）。

＊⑨　昭和50（1975）年6月、第75回国会（三木内閣）で、参院は、その多数意見で、独占禁止法改正法案とたばこ・酒税法案の成立を阻止し、廃案とした（同324頁）。

⑩　平成元（1989）年12月、第116回国会（海部内閣）で、国民年金等改正法案につき、参議院で可決できるように、法案が衆院で修正され、同法は、両院で可決・成立した（同326頁、衆議院ホームページ）。

⑪　平成4（1992）年6月、第123回国会（宮澤内閣）で、PKO協力法案は、参議院議員の多数の意見どおりに修正された。このため、自衛隊の国連平和維持軍への参加は、凍結された（同322頁、衆議院ホームページ）。

＊⑫　平成6（1994）年1月、第128回国会（細川内閣）で、政治改革関連法案は、参院で否決、不成立となった（同324頁）。

⑬　平成10（1998）年10月、第143回国会（小渕内閣）で、金融再生関連法案は、法案を参院で成立させるために、衆院が参院の多数意見の案を丸呑みする形で、両院で可決・成立した（同326頁、衆議院ホームページ）。

⑭　平成14（2002）年7月、第154回国会（小泉内閣）で、郵政公社法関連法案は、参院議員の多数の意見に合わせて、衆院で法案を修正して、両院で可決・成立した（同326頁、衆議院ホームページ）。

＊⑮　平成17（2005）年8月、第162回国会（小泉内閣）で、郵政民営化関連法案は、参院で否決され、廃案となった（同319〜320頁）。

(3)　なお、国は、本件裁判の原審の国の答弁書の中で、

　　　「原告らが証拠として提出する文献に、原告らが指摘する各法律案についての参議院による修正等に関する記載が存在することを認める」

と記述する。

⑷　(上記⑴〜⑶の小括)

そうである以上 (即ち、衆議院の多数意見と参議院の多数意見が、最終的決議の直前まで又は最終的決議まで、対立した立法事案が15個あり、その15個の立法事案の全てにおいて、参議院の多数意見が、衆議院のそれに優越して、法律の成立・不成立を決定した以上)、**参院選の１票の投票価値の平等の要請の強さと、衆院選のそれは、いずれも、適切に民意を国政に反映すべき点で、相互に同等である、と解される。**

更に言えば、憲法は、参院選の投票価値の平等の要請が、衆院選のそれと比べて劣後することを正当化し得るような条規を設けていない。

したがって、本件選挙当日の各選挙区間の議員１人当り有権者数較差 (最大) (3.00倍) は、衆院選のそれ (1.98倍) (平成30年大法廷判決 (衆) 参照) より後退しているので、本件選挙は、違憲である、と解される。

3　平成24年大法廷判決 (参) 及び平成26年大法廷判決 (参) のそれぞれの「さきに述べたような憲法の趣旨、参議院の役割等に照らすと、参議院は、衆議院とともに、国権の最高機関として適切に民意を国政に反映する機関としての (但し、平成24年大法廷判決は「機関としての」の文言を欠く。以下、同じ。引用者注) 責務を負っていることは明らかであり、参議院議員の選挙であること自体から直ちに投票価値の平等の要請が後退してよいと解すべき理由は見いだし難い。」(強調　引用者) との各判示に照らして、

参院選の１票の投票価値の平等の要請が、衆院選のそれより「後退してよいと解すべき理由は見出し難い」と解される：(本書16〜19頁)

⑴　平成24年大法廷判決 (民集66巻10号3368頁) 及び平成26年大法廷判決 (民集68巻9号1374頁) は、いずれも、

　　　「さきに述べたような憲法の趣旨、参議院の役割等に照らすと、参議院は、衆議院とともに、国権の最高機関として適切に民意を国政に反映する機関としての責務を負っていることは明らかであり、参議院議員の選挙であること自体から、直ちに投票価値の平等の要

請が後退してよいと解すべき理由は見いだし難い。」（強調　引用者）

と判示する。

　　したがって、平成24年大法廷判決（参）及び平成26年大法廷判決（参）の同判示に照らして、参院選の1票の投票価値の平等の要請が、衆院選のそれより「後退してよいと解すべき理由は見いだし難い」と解される。

　(2)　**憲法59条1項の定める通り**、参議院と衆議院は、**同等に**、法律の成立、不成立の最終的決定権（即ち、拒否権）を有する（上記1〈本書11〜13頁〉参照）。
　　したがって、同判示の**「適切に民意を国政に反映する」**（強調　引用者）程度（即ち、**民意にどの程度近いかの距離**）を測る重要な指標たる、一票の投票価値の較差において、衆院選と参院選で、**差があってはならない**（即ち、参議院の一票の較差は、衆議院の一票の較差と**同等**でなければならない）、と解される。

　(3)　**更に言えば、**
　ア　憲法60条（予算議決に関する衆議院の優越）、
　　　憲法61条（条約の承認に関する衆議院の優越）、
　　　憲法67条（内閣総理大臣の指名、衆議院の優越）
は、【衆議院の一票の投票価値が**「適切に民意を国政に反映する」**（強調　引用者）（平成24年大法廷判決、平成26年大法廷判決記載の各文言参照（上記3(1)）〈本書16〜17頁〉）こと】を**前提**とした定めであると解される。

　　けだし、予算の決定、条約の承認、内閣総理大臣の指名の全ては、参議院の多数意見の反対が存在しても、衆議院の可決により、最終的に決まる以上、憲法60条、61条、67条は、【衆院選が「適切に民意を国政に反映する」選挙であること】を**前提**としていると解されるからである。

更に言えば、一方で、衆院議員は、任期・4年で解散があり、

他方で、参院議員は、任期・6年で解散の影響を受けない。

よって、両院の議案の決議の時点を基準として民意からの時間の長短を考慮すると、

一方で、衆院議員は、解散のないときは、最長で、4年前の選挙時の民意を反映しており、解散のあるときは、解散直後の選挙時の民意を反映しており、

他方で、参院議員は、最長で、6年前の選挙時の民意を反映する。

よって、当該選挙の投票の時点から決議の時点までの時間の間隙を考慮すると、衆院議員は、参院議員と比べて、より民意に近く、より適切に民意を反映している、と解される。

したがって、憲法60条、61条、67条の決議の対象がいずれも、緊急性を持つことから、【憲法60条、61条、67条が、衆議院の可決の参議院のそれに対する優越を認めたこと】は、合理的である。

イ ところで、上記2（本書13～16頁）記載の全9個の事例では、当時、参院選の一票の較差の程度が、いずれの事例でも、衆議院の一票の較差より大きかったので、参院選の一票の価値は、衆院選のそれに照らして、「適切に民意を」反映しているとは言い難かった。

それにもかかわらず、全9個の法律案は、全て（「適切に民意を」反映しているハズの衆院選で選出される議員により構成された）衆院の多数意見が、（当時、「適切に民意を」反映しているとは言い難い参院選〈但し、当時、参院選の1票の較差は、衆院選のそれより大きかった〉で選出される議員により構成された）参院の多数意見の全修正要求を受け入れて、憲法59条1項に従って、衆参両院で可決されて、法律になった。

このような全9個の事例にみられるように、【（「適切に民意を」を反映していることを前提とする衆院選で選出された議員で構成される）衆院の

多数意見が、（民意の反映の程度の低い参院選で選出された議員で構成される）参院の多数意見の全修正要求を受け入れて、同修正法律案が法律となること】は、憲法の「所期」(強調　引用者)（昭和51年最高裁大法廷判決〈民集30巻 3 号250、251、253頁〉記載の文言　参照）するところではない、と解される。

　　憲法は、【各議院の総議員が選出される選挙の 1 票の投票価値の較差の値が、相互に、同等であること（もし、仮に当該較差があるとしても、）】を「所期」(強調　引用者)（昭和51年最高裁大法廷判決〈民集30巻 3 号250、251、253頁〉記載の文言　参照）している、と解される（但し、統治論は、これに加えて、衆参両院の選挙のいずれにおいても、 1 票の投票価値に較差があってはならないと主張するが。）。

　⑷（上記⑴～⑶の小括）
　　したがって、本件選挙当日の各選挙区間の議員 1 人当り有権者数較差（最大）（3.00倍）は、衆院選のそれ（1.98倍）（平成30年大法廷判決（衆）参照）より後退しているので、本件選挙は、違憲である、と解される。

4　憲法96条 1 項（「この憲法の改正は、各議院の総議員の 3 分の 2 以上の賛成で、国会が、これを発議し、国民に提案してその承認を経なければならない。（略）」）**は、【各議院の総議員が選出される選挙の 1 票の投票価値が、相互に同等であること】を前提としていると解される：**（本書19～20頁）
　⑴　憲法96条 1 項は、
　　　　「この憲法の改正は、各議院の総議員の 3 分の 2 以上の賛成で、
　　　　国会が、これを発議し、国民に提案してその承認を経なければなら
　　　　ない。（略）」
と定める。

　　憲法96条 1 項は、憲法改正の国会の発議について、「各議院の総議員の 3 分の 2 以上の賛成」を必要としており、当該各議院の特別議決の要件は、

全く**同等**である。

(2)　そうである以上、憲法96条１項は、【各議院の総議員が選出される選挙の１票の投票価値が、**同等**であること】を「**所期**」(強調　引用者)(昭和51年最高裁大法廷判決〈民集30巻３号250、251、253頁〉記載の文言参照)している、と解される。

(3)（上記(1)〜(2)の小括）
以上の次第であるので、本件選挙当日の各選挙区間の議員１人当り有権者数較差（最大）(3.00倍)は、衆院選のそれ（1.98倍）(平成30年大法廷判決（衆）参照)より後退しているので、本件選挙は違憲である、と解される。

(4)　大手有力新聞は、政権与党が、現在、憲法改正の国会発議の方向で検討中である旨報道している。
本４の論点は、現在進行中の憲法改正問題の喫緊の重大論点である。

5　本件選挙当日の各選挙区間の議員１人当りの有権者数較差（最大）(3.00倍)は、衆院選のそれ（1.98倍）より後退しているので、違憲である：(本書20〜21頁)

(1)　ところで本件選挙当日の各選挙区間の議員１人当り有権者数較差（最大）は、3.00倍である。

(2)　平成30年最高裁大法廷判決（衆）は、平成29年衆院選（小選挙区）当日の各小選挙区間の議員１人当り有権者数較差（最大）・1.98倍の当該選挙を留保付き合憲と判決している。

(3)　上記１〜４（本書11〜20頁）に示したとおり、参院選（選挙区）当日の各選挙区間の議員１人当り有権者数較差（最大）は、憲法上、衆院選

（小選挙区）のそれと同等であることを要求される、と解される。

(4)（上記(1)〜(3)の小括）

　したがって、本件選挙当日の各選挙区間の議員1人当り有権者数較差（最大）（3.00倍）は、衆院選のそれ（1.98倍）（平成30年大法廷判決（衆）参照）より後退しているので、本件選挙は、違憲である、と解される。

Ⅲ　平成29年大法廷判決（参）の判示 （下記2⑶ア〈本書23〜24頁〉参照）に照らしても、本件選挙は、違憲状態である（予備的主張〈その2〉）：（本書21〜26頁）

1　国は、

　　　【現在の4県2合区を超えて合区数を増加したり、都道府県を単位とする選挙制度を見直さなくても、議員1人当り有権者数の最大較差が3.00倍程度であれば、選挙区割りは、違憲状態ではない】旨主張する。

2　反論（本書21〜26頁）

　(1)　平成30年改正法（公職選挙法の一部を改正する法律　平成30年法律第75号）に基づく本件選挙では、

　　　①　平成27年改正法（公職選挙法の一部を改正する法律　平成27年法律第60号）による鳥取県・島根県の合区及び徳島県・高知県の合区の合計2合区は、そのまま維持され、かつ

　　　②　43都道府県において、都道府県が選挙区の単位として従来どおり維持され、更に

　　　③　選挙当日の各選挙区間の議員一人当りの有権者数の最大較差は、平成28年参院選のそれの3.08倍から本件選挙の3.00倍に僅かに縮小するに止まった。

　(2)（本書21〜22頁）

ア 平成27年改正法附則7条は、

> 「**平成31年に行われる参議院議員の通常選挙に向けて**、参議院の在り方を踏まえて、選挙区間における議員一人当たりの人口の較差の是正等を考慮しつつ選挙制度の**抜本的な見直し**について引き続き検討を行い、**必ず結論を得る**ものとする。」（強調 引用者）

と定めている。

イ 同附則7条の「平成31年に行われる参議院議員の通常選挙に向けて、……選挙制度の抜本的な見直しについて引き続き検討を行い、必ず結論を得るものとする。」の中の「選挙制度の抜本的な見直し」とは、**「都道府県を単位として各選挙区の定数を設定する現行の方式をしかるべき形で改めるなど現行の選挙制度の仕組みの見直し」**（強調 引用者）（平成24年大法廷判決（参）、下記(4)**ア**〈本書25頁〉；平成26年大法廷判決（参）、下記(4)**ア**〈本書25〜26頁〉）を意味すると解される。

ウ ところが、国は、平成30年改正法は、同附則7条に沿うものである、と強弁する。

エ しかしながら、平成30年改正法に基づく、本件選挙は、
① 従来の4県2合区をそのまま維持するに過ぎず、
② 43都道府県が、従来どおり選挙区の単位として維持されたままであり、かつ
③ 選挙当日の各選挙区間の議員1人当り有権者数最大較差も、平成28年参院選（当時）の3.08倍から令和1年参院選（当時）の3.00倍に僅かに縮小したに過ぎないから、
同附則7条の内容は、本件選挙当時、**実現されなかった**、と解される。
即ち、国は、自ら同附則7条の文言を定めておきながら、同附則7条を無視し、その実現（即ち、選挙制度の抜本的な見直し）を怠った。

(3)（本書23〜25頁）

　ア　より詳細に議論すると、

平成29年大法廷判決（参）は、

　　「この改正は、長期間にわたり投票価値の大きな較差が継続する
　要因となっていた上記の仕組みを見直すべく、人口の少ない一部の
　選挙区を合区するというこれまでにない手法を導入して行われたも
　のであり、これによって選挙区間の最大較差が上記の程度にまで縮
　小したのであるから、同改正は、前記の参議院議員選挙の特性を踏
　まえ、平成24年大法廷判決及び平成26年大法廷判決の趣旨に沿って
　較差の是正を図ったものとみることができる。また、平成27年改正
　法は、**その附則**（第７条　引用者　注）**において**、次回の通常選挙に
　向けて選挙制度の**抜本的な見直し**について引き続き検討を行い**必ず
　結論を得る**旨を定めており、これによって、今後における投票価値
　の較差の**更なる是正に向けての方向性と立法府の決意**が示されると
　ともに、再び上記のような大きな較差を生じさせることのないよう
　配慮されているものということができる。

　　そうすると、平成27年改正は、都道府県を各選挙区の単位とする
　選挙制度の仕組みを改めて、長年にわたり選挙区間における大きな
　投票価値の不均衡が継続してきた状態から脱せしめるとともに、**更
　なる較差の是正を指向するもの**と**評価**することができる。

　　（略）

　　(5)　**以上のような事情を総合すれば**、本件選挙当時、平成２７年
　改正後の本件定数配分規定の下での選挙区間における投票価値の不
　均衡は、違憲の問題が生ずる程度の著しい不平等状態にあったもの
　とはいえず、本件定数配分規定が憲法に違反するに至っていたとい
　うことはできない。」（強調　引用者）

と判示する（民集71巻7号1151頁）。

　即ち、同判示は、

①選挙当日の議員１人当りの各選挙区間の有権者数の格差（最大）が3.08倍に縮小したこと及び

②平成27年改正法附則７条の定める「更なる是正に向けての方向性と立法府の決意」の２つの事情を明示し、

「**以上のような事情**（即ち、上記〈本書23〜24頁〉①及び②の２つの事情。筆者注）**を総合すれば**、本件選挙当時、平成27年改正後の本件定数配分規定の下での選挙区間の投票価値の不均衡は，違憲の問題が生じる程度の著しい不平等状態にあったとは言え（ない）」

（強調　引用者）

と判示する。

　イ(ア)　上記(2)エ（本書22頁）に示すとおり、**本件選挙では、同附則７条が、実現されなかった。**

　よって、**本件選挙では、**平成29年大法廷判決（参）が【当該選挙の投票価値の不均衡は、違憲状態ではない】旨判示するために、総合的に考慮した２つの事情（即ち、上記①〈本書24頁〉の各選挙区間の選挙人数の格差が3.08倍まで縮小したこと及び上記②〈本書24頁〉の平成27年改正法附則７条の示す「更なる是正に向けての方向性と立法府の決意」の２つの事情）の中の、**1つの事情**（即ち、上記②の「更なる是正に向けての方向性と立法府の決意」）が、**欠けている。**

　したがって、**本件選挙は、**平成29年大法廷判決（参）の同判示に照らし、**違憲状態である。**

　(イ)　更に言えば、違憲状態でないとした原審判決は、その理由として、【選挙制度の**抜本的な見直し**には、大きな困難が存在すること】を挙げている。

　しかしながら、そのようなことは、同附則７条制定当時から当然予測されていたことであったにも拘わらず、国会は、敢えて、同附則７条を定めたのである。

　よって、選挙制度の**抜本的な見直し**の実現が困難であるからといって、

国会が免責される、とは解し難い。

　平成29年大法廷判決（参）は、同附則 7 条の選挙制度の**抜本的な見直し**が実現されるであろうこと（同附則 7 条は、**「必ず結論を得る」**ことを法律において定めていることから、裁判所が選挙制度の**抜本的な見直し**が実現されることを期待するのは当然である。）を**前提**として、【当該選挙は違憲状態ではない】旨判示した、と解される。

　<u>以上のとおり、本件選挙では、当該**前提**が欠けているので、本件選挙は、平成29年大法廷判決（参）に照らして、違憲状態と解される。</u>

ウ　（上記ア〜イの小括）

　よって、本件選挙は、平成29年大法廷判決（参）の当該選挙は、【違憲状態ではない】旨の当該判示の当該**前提**を欠いているので、平成29年大法廷判決（参）の当該判示に照らし、違憲状態と解される。

(4)（本書25〜26頁）

　更に重ねて言えば、本件裁判の原審で提出された国の弁論要旨書 4 頁は、「選挙区割りが都道府県単位であることの意義については、」「全国35にも及ぶ県議会の決議において、繰り返し主張されています。」と記述するので、これについて、下記**ア**（本書25〜26頁）のとおり付言する。

　ア　平成24年大法廷判決（参）は、
　　　「都道府県を単位として各選挙区の定数を設定する現行の方式をしかるべき形で改めるなど、現行の選挙制度の仕組み自体の見直しを内容とする立法的措置を講じ、できるだけ速やかに<u>違憲の問題が生ずる前記の不平等状態を解消する必要がある。</u>」（強調　引用者）
と判示し（民集66巻10号3371⑹頁）、
　平成26年大法廷判決（参）も、
　　　「しかしながら，国民の意思を適正に反映する選挙制度が民主政治の基盤であり，投票価値の平等が憲法上の要請であることや，さ

きに述べた国政の運営における参議院の役割等に照らせば，より適切な民意の反映が可能となるよう，従来の改正のように単に一部の選挙区の定数を増減するにとどまらず，国会において，**都道府県を単位として各選挙区の定数を設定する現行の方式をしかるべき形で改める**などの具体的な改正案の検討と集約が着実に進められ，できるだけ速やかに，**現行の選挙制度の仕組み自体の見直しを内容とする立法的措置によって違憲の問題が生ずる前記の不平等状態が解消される必要があるというべきである。**」（強調　引用者）

と判示する（民集68巻9号1380⒅〜1381⒆頁）。

　当該各大法廷判決の示すとおり、都道府県は、選挙区の単位として見直されるべき対象であるので、**都道府県そのものが、見直しを要求する選挙制度改革との関係では、擬人化して言えば、「利害関係者」の立場に置かれている。**

　したがって、都道府県が、利害関係者として、【選挙区の単位であることを見直されて、選挙区の単位としての地位を失うこと】に反対するのは、至極当然のことである。

　当該各大法廷判決は、利害関係者たる都道府県からの反対があろうとも、【都道府県を選挙区の単位とする選挙制度を見直すこと】を要求している、と解される。

　したがって、「利害関係者」たる35個の県議会が「選挙区割りが都道府県単位であることの意義」につき決議をしたことをもって、都道府県を単位とする従来の選挙制度を見直すことを中止すべき憲法上の正当な理由がある、とは解されない。

Ⅳ　【仮に、平成29年大法廷判決（参）の「参議院議員の選挙における投票価値の平等は、……二院制に係る上記の憲法の趣旨との調和の下に実現されるべきである」の判示が、平成24年大法廷判決（参）及び平成26年大

法廷判決（参）のそれぞれの「**参議院議員の選挙であ**
ること自体から、直ちに投票価値の平等の要請が後退
してよいと解すべき理由は見いだし難い」（強調 引用者）
の判示を否定する趣旨を含むものであるとすると、平
成29年大法廷判決（参）の同判示は、**最大判昭48.4.25**
（**全農林警職法事件** 下記Ⅺ〈本書77~82頁〉参照）の**【判例変**
更についての判例】に反する**判例変更**である】：（本書
26~32頁）

1 **【平成24年大法廷判決（参）及び平成26年大法廷判決（参）】**と平成
29年大法廷判決（参）：（本書27~29頁）

(1) 平成24年大法廷判決（参）は、

「憲法は、二院制の下で、一定の事項について衆議院の優越を認
め（59条ないし61条、67条、69条）、その反面、**参議院議員の任期**
を 6 年の長期とし、解散（54条）もなく、選挙は 3 年ごとにその半
数について行う（46条）ことを定めている。その趣旨は、議院内閣
制の下で、限られた範囲について衆議院の優越を認め、機能的な国
政の運営を図る一方、立法を始めとする多くの事柄について参議院
にも衆議院とほぼ等しい権限を与え、参議院議員の任期をより長期
とすることによって、多角的かつ長期的な視点からの民意を反映し、
衆議院との権限の抑制、均衡を図り、国政の運営の安定性、継続性
を確保しようとしたものと解される。

（略）
さきに述べたような憲法の趣旨、参議院の役割等に照らすと、参
議院は衆議院とともに国権の最高機関として適切に民意を国政に反
映する責務を負っていることは明らかであり、参議院議員の選挙で
あること自体から、直ちに投票価値の平等の要請が後退してよいと
解すべき理由は見いだし難い。」（強調 引用者）

と判示する（民集66巻10号3366～3368頁）。

(2)　更に、平成26年大法廷判決（参）も、概ね同じく、

「憲法は，二院制の下で，一定の事項について衆議院の優越を認
める反面，**参議院議員につき任期を6年の長期とし，解散もなく，
選挙は3年ごとにその半数について行う**ことを定めている（46条
等）。その趣旨は，立法を始めとする多くの事柄について参議院に
も衆議院とほぼ等しい権限を与えつつ，参議院議員の任期をより長
期とすること等によって，多角的かつ長期的な視点からの民意を反
映させ，衆議院との権限の抑制，均衡を図り，国政の運営の安定性，
継続性を確保しようとしたものと解される。

（略）

**さきに述べたような憲法の趣旨、参議院の役割等に照らすと、参
議院は衆議院とともに国権の最高機関として適切に民意を国政に反
映する機関としての責務を負っていることは明らかであり、参議院
議員の選挙であること自体から、直ちに投票価値の平等の要請が後
退してよいと解すべき理由は見いだし難い。**」（強調　引用者）

と判示する（民集68巻9号1372～1374頁）。

(3)　ところが、平成29年大法廷判決（参）は、

「憲法は，二院制の下で，一定の事項について衆議院の優越を認
める反面，参議院議員につき**任期を6年の長期とし，解散もなく，
選挙は3年ごとにその半数について行う**ことを定めている（46条
等）。その趣旨は，立法を始めとする多くの事柄について参議院に
も衆議院とほぼ等しい権限を与えつつ，参議院議員の任期をより長
期とすること等によって，多角的かつ長期的な視点からの民意を反
映させ，衆議院との権限の抑制，均衡を図り，国政の運営の安定性，
継続性を確保しようとしたものと解される。

（略）

もとより，参議院議員の選挙について，**直ちに投票価値の平等の要請が後退してよいと解すべき理由は見いだし難く**，参議院についても更に適切に民意が反映されるよう投票価値の平等の要請について十分に配慮することが求められるものの，**上記のような憲法の趣旨，参議院の役割等に照らすと，参議院議員の選挙における投票価値の平等は，憲法上3年ごとに議員の半数を改選することとされていることなど，議員定数の配分に当たり考慮を要する固有の要素があることを踏まえつつ，二院制に係る上記の憲法の趣旨との調和の下に実現されるべきであることに変わりはないというべきである。**」（強調　引用者）

と判示する（民集71巻7号1148〜1150頁）。

　2　仮に、平成29年大法廷判決（参）の同判示が、国の【参議院議員の投票価値の平等の要請は衆議院議員のそれ以上に譲歩を求められる】旨の主張と同旨に解釈されるとすると、それは判例変更である：（本書29〜32頁）

　(1)　平成24年大法廷判決（参）は、「憲法は、二院制の下で、一定の事項について衆議院の優越を認め（59条ないし61条、67条、69条）、その反面、**参議院議員の任期を6年の長期とし、解散（54条）もなく、選挙は3年ごとにその半数について行う（46条）**ことを定めている。」（強調　引用者）と記述した上で、「**さきに述べたような憲法の趣旨、参議院の役割等に照らすと、**」（強調　引用者）「**参議院議員の選挙であること自体から、直ちに投票価値の平等の要請が後退してよいと解すべき理由は見いだし難い。**」（強調　引用者）と判示する（民集66巻10号3368頁）。

　平成26年大法廷判決（参）も、「憲法は，二院制の下で，一定の事項について衆議院の優越を認める反面，**参議院議員につき任期を6年の長期とし，解散もなく，選挙は3年ごとにその半数について行うことを定めている（46条等）。**」と記述した上で、「**さきに述べたような憲法の趣旨、参議**

院の役割等に照らすと、」（強調　引用者）「**参議院議員の選挙であること自体から、直ちに投票価値の平等の要請が後退してよいと解すべき理由は見いだし難い。**」（強調　引用者）と判示する（民集68巻9号1374頁）。

　即ち、平成24年大法廷判決（参）及び平成26年大法廷判決（参）は、ともに「参議院議員の任期を6年の長期とし、解散（54条）もなく、選挙は3年ごとにその半数について行う（46条）ことを定めている」「憲法の趣旨、参議院の役割」を考慮した上で、「**参議院議員の選挙であること自体から、直ちに投票価値の平等の要請が後退してよいと解すべき理由は見いだし難い。**」と判示しているのである（民集68巻9号1374頁等）。

　(2)　ところが、平成29年大法廷判決（参）は、参院議員の任期6年、解散なし、3年ごとの半数改選（憲法46条等）の特徴を指摘した上で、

　　　「もとより，**参議院議員の選挙について，直ちに投票価値の平等の要請が後退してよいと解すべき理由は見いだし難く，**参議院についても更に適切に民意が反映されるよう投票価値の平等の要請について十分に配慮することが求められるものの，**上記のような憲法の趣旨，参議院の役割等に照らすと，参議院議員の選挙における投票価値の平等は，憲法上3年ごとに議員の半数を改選することとされていることなど，議員定数の配分に当たり考慮を要する固有の要素があることを踏まえつつ，二院制に係る上記の憲法の趣旨との調和の下に実現されるべきであることに変わりはないというべきである。**」（強調　引用者）

と判示する（民集71巻7号1150頁）（上記1(3)〈本書28〜29頁〉参照）。

　(3)　他方で、国は、【参議院議員の投票価値の平等の要請は衆議院議員のそれ以上に譲歩を求められる】旨主張する。

　(4)　もし仮に、上記(3)に示す国の主張のように、平成29年大法廷判決

（参）の判示（但し、上記(2)〈本書30頁〉参照）が、平成24年大法廷判決（参）及び平成26年大法廷判決（参）のそれぞれの「**参議院議員の選挙であること自体から、直ちに投票価値の平等の要請が後退してよいと解すべき理由は見いだし難い。**」の判示を否定する趣旨を含むとすると、平成29年大法廷判決（参）の同判示は、【平成24年大法廷判決（参）及び平成26年大法廷判決（参）】の同判示と矛盾することになる。

　更に言えば、平成24年大法廷判決（参）及び平成26年大法廷判決（参）の同判示（但し、上記2(1)〈本書29〜30頁〉参照）は、「**参議院議員の任期を6年の長期とし、解散（54条）もなく、選挙は3年ごとにその半数について行う（46条）ことを定めている**」「**憲法の趣旨、参議院の役割**」を考慮したうえで、「**参議院議員の選挙であること自体から、直ちに投票価値の平等の要請が後退してよいと解すべき理由は見いだし難い。**」との結論を導いている。

　上記(3)（本書30頁）の国の主張のように、平成29年大法廷判決（参）が、平成24年大法廷判決（参）及び平成26年大法廷判決（参）の当該結論（本書31頁）に、同じ「**参議院議員の任期を6年の長期とし、解散（54条）もなく、選挙は3年ごとにその半数について行う（46条）ことを定めている**」「**憲法の趣旨、参議院の役割**」（強調　引用者）を更に重ねて考慮して（即ち、「**参議院の選挙であること自体**」を2回重ねて考慮して）、参議院選挙の投票価値の平等の要請が衆議院選挙のそれより**後退し得る**ように解釈されるとすると、平成29年大法廷判決（参）は、平成24年大法廷判決（参）及び平成26年大法廷判決（参）の「**参議院議員の選挙であること自体から、直ちに投票価値の平等の要請が後退してよいと解すべき理由は見いだし難い。**」の判例を**判例変更**した、と解される。

(5)　そうであるとすると、平成29年大法廷判決（参）は、
　　①　【上記1(1)〜(2)（本書27〜28頁）記載の**平成24年大法廷判決（参）及び平成26年大法廷判決（参）の各判示を変更する**】旨の記述及び

②　判例変更の理由の記述

の双方を欠いていることになる。

　上記（本書31頁）の①判例変更する旨の記述及び②判例変更の理由の記述の双方を欠く判例変更は、**最大判昭48.4.25（全農林警職法事件）の【判例変更についての判例】に反し**（下記Ⅺ〈本書77〜82頁〉**参照**）、憲法98条1項後段に基づき、その効力を有しない、と解される。

　ここで判例変更の意義の重さを改めて考察すると、最大判昭48.4.25（全農林警職法事件）において、田中二郎、大隅健一郎、関根小郷、小川信雄、坂本吉勝の5判事が、意見の中で、明記されている（色川幸太郎判事の反対意見も同旨）**とおり、「憲法解釈の変更は、実質的には憲法自体の改正にも匹敵する」重さがある**（Ⅺ3〈本書80頁〉**参照**）。

(6)（上記(1)〜(5)の小括）〈本書32頁〉

　以上の次第であるので、本件選挙当日の各選挙区間の議員1人当りの有権者数の較差（最大）・3.00倍の合憲性の問題は、上記1(1)〜(2)（本書27〜28頁）記載の平成24年大法廷判決（参）及び平成26年大法廷判決（参）の各判示（即ち、「さきに述べたような憲法の趣旨、参議院の役割等に照らすと、」「参議院議員の選挙であること自体から、直ちに投票価値の平等の要請が後退してよいと解すべき理由は見いだし難い。」（強調　引用者））に沿って解されるべきである。

　よって、本件裁判で、国が「参議院議員の選挙であること自体」以外の合理的理由の存在を主張・立証していない以上、本件参院選（選挙区）の1票の較差（最大・3.00倍）は、衆議院（小選挙区）のそれ（最大・1.98倍）に劣後するので、違憲である、と解される（上記Ⅱ1〜5〈本書11〜21頁〉**参照**）。

V 　1　（①段階の審査で、違憲状態と判断される選挙を②
　　段階の審査で合憲と判断しうる）2段階の判断枠組み
　　は、憲法98条1項違反である；2平成29年大法廷判決
　　（参）の、投票価値の較差についての2段階の判断枠組
　　みの①段階の審査の判断基準は、平成24年大法廷判決
　　（参）及び平成26年大法廷判決（参）の、投票価値の較
　　差についての2段階の判断枠組みの①段階及び②段階
　　の審査の判断基準に反する（判例違反）：（本書33〜48頁）

　標記議論につき、下記1〜3（本書33〜48頁）の3論点に分けて、順を追
って議論する。
　　1　平成26年大法廷判決（参）の投票価値の較差についての2段階の判
断枠組みの内容（本書33〜38頁）
　　(1)　平成26年大法廷判決（参）は、

　　　　「参議院議員の選挙における投票価値の較差の問題について，当
　　　裁判所大法廷は，これまで，①当該定数配分規定の下での選挙区間
　　　における投票価値の不均衡が，違憲の問題が生ずる程度の著しい不
　　　平等状態に至っているか否か，②上記の状態に至っている場合に，
　　　当該選挙までの期間内にその是正がされなかったことが国会の裁量
　　　権の限界を超えるとして当該定数配分規定が憲法に違反するに至っ
　　　ているか否かといった判断の枠組みを前提として審査を行ってきて
　　　おり，」（強調　引用者）
と判示する（民集68巻9号1376⑭頁）。

　当該判示の中の「これまで」（強調　引用者）の4文字が示すとおり、平
成26年大法廷判決より前に言渡された平成24年大法廷判決（参）（民集66巻
10号337⑥頁）も、①段階〜②段階の各審査から成る投票価値の較差につい
ての2段階の判断枠組みを採用している。

即ち、平成24年大法廷判決（参）（民集66巻10号3370⑩頁）の

> 「それにもかかわらず、平成18年改正後は上記状態の解消に向け
> た法改正は行われることなく、本件選挙に至ったものである。これ
> らの事情を総合考慮すると、本件選挙が平成18年改正による4増4
> 減の措置後に実施された2回目の通常選挙であることを勘案しても、
> 本件選挙当時、前記の較差が示す選挙区間における投票価値の不均
> 衡は、投票価値の平等の重要性に照らしてもはや看過し得ない程度
> に達しており、これを正当化すべき特別の理由も見いだせない以上、
> 違憲の問題が生ずる程度の著しい不平等状態に至っていたというほ
> かはない。」（強調　引用者）（但し、①段階の審査の判断基準　筆者注）、
> 「〈略〉その附則には選挙制度の抜本的な見直しについて引き続き検
> 討を行う旨の規定が置かれている。）などを考慮すると、本件選挙
> までの間に本件定数配分規定を改正しなかったことが国会の裁量権
> の限度を超えるものとはいえず、本件定数配分規定が憲法に反する
> に至っていたということはできない。」（強調　引用者）（但し、②段階
> の審査の判断基準　筆者注）

の判示が示すとおり、平成24年大法廷判決（参）も、投票価値の較差につ
いての①段階の審査の判断及び②段階の審査の判断から成る2段階の枠組
みを採用している。

(2)　上記(1)（本書33〜34頁）記載の平成24年大法廷判決（参）及び平成26年
大法廷判決（参）の投票価値の較差（最大）についての2段階の判断枠組みは、

①段階の審査で、基準日たる選挙投票日の時点で、客観的に、当該選挙
の投票価値の較差（最大）が、違憲の問題が生ずる程度の著しい不平等状
態に至っているか否かを判断し、答えが否定の場合、合憲判決を下し、答
えが肯定の場合、当該選挙は、違憲の問題が生じる程度の著しい不平等状
態（以下、違憲状態ともいう）に至っていると判断し、その後、②段階の
審査に進む。

この【①段階の審査で、違憲状態と判断した**後**に、②段階の審査の判断に進むという**判断の順序**】は、上記（本書33頁）の平成26年大法廷判決（参）の

> 「参議院議員の選挙における投票価値の較差の問題について，当裁判所大法廷は，**これまで，**①当該定数配分規定の下での選挙区間における投票価値の不均衡が，違憲の問題が生ずる程度の著しい不平等状態に至っているか否か，②**上記の状態に至っている場合に，**当該選挙までの期間内にその是正がされなかったことが国会の裁量権の限界を超えるとして当該定数配分規定が憲法に違反するに至っているか否かといった判断の枠組みを前提として審査を行ってきており，」（強調　引用者）

の中の、「②**上記の状態に至っている場合に**……」（強調　引用者）の文言が、**明白に示している。**

　ここで、この2段階の判断枠組みの①段階の審査では、専ら、客観的に、選挙投票日を基準日として、当該選挙の投票価値の較差（最大）が憲法の投票価値の平等の要求に反する状態（即ち、違憲状態）か否かを判断し、投票価値の較差是正の要素（即ち、較差是正のための立法措置に関する事項）は、この①段階の審査では、考慮されることなく、次の②段階の審査で、考慮される[12]、と解される。

---

12)　下記①〜⑦の7個の論文等は、①段階及び②段階の各判断基準について記述する。
　　但し、平成25年大法廷判決（衆）及び平成27年大法廷判決（衆）の、投票価値の較差についての3段階の判断枠組みのうちの①段階及び②段階の各審査の判断基準は、実質的に、平成26年大法廷判決（参）の投票価値の較差についての2段階の判断基準のうちの①段階及び②段階の各審査の判断基準と同じである。
　　よって、下記①、③、⑤、⑥及び⑦の衆院選（小選挙区）の3段階の判断枠組みについての議論は、平成26年大法廷判決（参）の投票価値の較差についての2段階の判断枠組みについても、当てはまる、と解される。

　①　平成25年大法廷判決（衆）の木内道祥判事の反対意見（民集67巻8号1550(68)頁）は、

「合理的期間内における是正の有無という前記②の段階の審査は，当該区割り
　　による本件選挙の施行の根拠とされた区割規定が合憲か否かの審査であるから，
　　合理的期間内における是正がされたか否かを判定する対象は，当該選挙時にお
　　ける区割りそのものの内容であり，当該選挙後にその区割りを改める改正がさ
　　れたからといって，そのことによって当該選挙時における区割規定の合憲性の
　　判断が左右されるものではない。」（強調　引用者）
　と記述する。
　②　毛利透「憲法訴訟の実践と理論【第9回】——投票価値較差訴訟の現状と課題
　　——」判例時報2354号143頁は，
　　「平成29年判決の立場からしても，今後，国会が自らの約束を反故にし，現行
　　の都道府県を単位とする選挙区制度に，ごく一部の合区以外には手直しを加え
　　ず，最大較差3倍程度が「常態化」するようなことになれば，それが違憲状態
　　と判断される余地は十分あることになろう。
　　　ただし，このように違憲状態判断の段階ですでに国会の取組が評価されると
　　なると，違憲状態と違憲の区別は必然的にあいまいになる。また，私が平成21
　　年判決から読み取った「客観的な較差指標の憲法判断全体における意義低下」
　　が確定的に生じることになる。このような判断枠組みでよいのか，疑問も生じ
　　るところである。」（強調　引用者）
　と記述する。
　③　工藤達朗「衆議院議員選挙と投票価値の平等」判例時報2383号135頁は，
　　「私自身は，合理的期間論には疑問があり，違憲状態であれば違憲判決を下す
　　べきだと考えるが，違憲と無効を切り離した違憲宣言（違憲確認）判決は，平
　　等や社会権に関する判決手法として有用だと考えている。」（強調　引用者）
　と記述する。
　④　武田芳樹「0増5減の改正を経た衆議院小選挙区選出議員の選挙区割規定の
　　合憲性」新・判例解説（法学セミナー）19号（2016年）22頁は，
　　「選挙後に国会が較差是正のために行っている努力まで違憲審査の考慮要素と
　　する手法については，「投票価値較差の合憲性を立法者の努力に大きく依存さ
　　せるやり方の憲法解釈としての妥当性」を問題にする見解[4]がある。選挙後に
　　行われたいかなる取組も，選挙当時，現実に存在した較差の縮小には何ら寄与
　　するはずがない。また，国会が較差是正に向けた取組を続ける姿勢を示すだけ
　　で，違憲判断を免れるのだとすれば，国会の真摯な対応を促すことは難しいだ
　　ろう。」（下線　引用者）
　と記述する。
　　「4）毛利透「公職選挙法14条，別表第3の参議院（選挙区選出）議員の議員定数配分
　　規定の合憲性」民商142巻4=5号（2010年）58頁，70頁」
　⑤　佐々木雅寿の「衆議院「投票価値の較差」判例の転換点」論究ジュリスト29号
　　（2019年春）41頁は，
　　「違憲審査の基準時は問題となる選挙時と解されるが，選挙後の事情を考慮す
　　ることは，これまでは合理的期間の審査を合憲判断に導く要素として作用して
　　きた。」（下線　引用者）
　と記述する。

(3)　②段階の審査では、基準日たる選挙投票日の時点で、較差が是正され
なかったことが国会の裁量権の限界を超えたか否かを判断し、答えが否定
の場合、いわゆる違憲状態として、合憲判決を言渡す。

　各最高裁大法廷判決（参）が、今日まで、２段階の判断枠組みの採用に
止まっている理由は、最高裁は、過去、参院選については、違憲状態判決
を言渡すに止まり（但し、平成８（1996）年大法廷判決；平成24（2012）

　　ここで、同頁は、「選挙後の事情」（但し、較差是正の問題を含む）は、「これま
では、合理的期間の審査」で考慮されてきたことを指摘している。

⑥　山本真敬「投票価値較差訴訟の諸論点」法律時報91-5（2019年）15頁は、
　　「もっとも、違憲状態か否かの判断で立法者の努力を評価する場合、違憲状態
　の有無の段階では憲法と法律の規範内容の抵触を審査し合理的期間論で立法者
　の努力を審査するという従来の枠組みに比して、「違憲の主観化」の程度がヨ
　リ大きい。すなわち、憲法の投票価値の平等という規範内容と公選法の区割と
　いう規範内容との抵触を確認し、かつ合理的期間内の立法者の努力が存在しな
　いときに違憲とする従来の枠組みでは、規範内容間抵触が憲法と法律の各実体
　内容だけから判断されるステップが一応存在する。これに対し、違憲状態の判
　断において立法者の努力を評価する場合、規範内容間抵触の有無の判断に立法
　者の努力という変数を混入することで憲法および法律の各実体内容の意味が直
　ちに相対化されることになる。そのことの問題性をどう考えるべきかが改めて
　問われる16)。」（強調　引用者）
と記述する。
　　「16）参照、毛利透「判批」民商142巻４・５号（2010年）462頁、工藤達朗「判例詳解」論ジ
　ュリ４号（2012年）96頁。合理的期間論では立法者の努力が正面から問われており、違憲
　状態の判断でも立法者の努力を問う場合、評価の仕方次第では違憲状態の判断で評価
　した立法者の努力を合理的期間論で二重評価することにもなり得る（さらに選挙無効
　か否かの判断でも立法者の努力を評価すれば三重評価になり得る）ので、各判断段階で
　何を考慮要素とすべきか問題となる。」（強調　引用者）

⑦　更に、佐々木雅寿「平成26年衆議院選挙と投票価値の平等」法学教室 July
　2016 No.430 127頁は、
　　「多数意見は主要な判決理由の中で，国会において，最大較差２倍未満を基本
　とする「新区画審設置法３条の趣旨に沿った選挙制度の整備に向けた取組が着
　実に続けられていく必要がある」と判示した。これにより国会はさらなる選挙
　制度の整備を行う責務を負った。最高裁と国会はこれまで投票価値の較差につ
　いて「継続的対話」を行い，最高裁はその過程で国会の立法裁量を漸次的に縮
　小してきた。千葉補足意見はこれを司法部と立法府との「実効性のあるキャッ
　チボールが続いている状況」と評する。しかし、**建設的な対話を実現するため
　には最高裁のより踏み込んだ違憲判断が不可欠であろう。**」（強調　引用者）
と記述する。

年大法廷判決、平成26（2014）年大法廷判決の合計3個）、事情判決を言渡していないことから、参院選の投票価値の較差については、①段階の審査と②段階の審査で足りており、事情判決のための③段階の審査が不要であったためである、と解される。

2 （①段階の審査で、違憲状態と判断される選挙を②段階の審査で合憲と判断しうる）2段階の判断枠組みは、憲法98条1項違反である：（本書38〜42頁）

(1) 念のため、一点付け加えると、平成24年大法廷判決（参）及び平成26年大法廷判決（参）の投票価値の較差についての2段階の判断枠組みの②段階の審査で検討の対象となる較差是正の立法措置は、選挙投票日以後に取られる是正の立法措置を指すのではなく、較差是正の立法措置が選挙投票日（基準日）までに取られたか否かを検討する対象たる、較差是正の立法措置を指すものである（平成25年大法廷判決（衆）の木内判事の反対意見（民集67巻8号1550(68)頁）前掲注12）〈本書35〜36頁〉の①参照）。

即ち、基準日たる選挙投票日以降に取られ得る較差是正の立法措置は、【選挙投票日以降の選挙区割り】の投票価値較差是正のためのものでしかなく、【裁判の対象である、基準日たる選挙投票日の時点での選挙区割り】とは関係がなく、当該基準日たる選挙投票日の時点での選挙区割りの投票価値較差を毫も是正するものではない。

(2) したがって、同②段階の審査での判断基準は、同①段階の審査で、【裁判の対象たる、基準日たる選挙投票日の時点で違憲状態と判断された選挙区割り】を、同②段階の審査において、基準日たる選挙投票日の時点で、較差が是正されなかったことが国会の裁量権の限界を超えたと認められないときに、合憲と判断する判断基準であり、結局、基準日たる選挙投票日の時点で、**違憲状態と判断される選挙区割り**を合憲として、同選挙区割りに基づく選挙を**有効とし得るものである**[13]。

13) 下記①〜⑨（本書39〜42頁）の9個の論文等は、平成29年大法廷判決（参）について分析し、その分析結果を記述している。これらを参照すべき論文等として、ここに掲載する。

① 中丸隆最高裁判所調査官「公職選挙法14条、別表第3の参議院（選挙区選出）議員の議員定数配分規定の合憲性　最高裁平成29年9月27日大法廷判決」ジュリスト2018.1　91頁は、
「最高裁大法廷は、今後における選挙制度の**抜本的な見直し**や較差の是正に向けた立法府の取組を注視する姿勢を改めて強く示したものと考えられ、次回の選挙までの時間的制約の中でこれらの点に関する議論等の動向が注目されるところである」（強調　引用者）と記述する。

② 千葉勝美元最高裁判事「司法部の投げた球の重み──最大判平成29年9月27日のメッセージは？」法律時報89巻13号6頁は、
「本判決は、3.08倍まで較差が縮小され、それだけでは十分とはいえないとしても（十分であれば、即合憲判断がされたはずである。）、それに加え、更なる較差是正が確実に行われようとしていることを併せて評価して、今回は違憲状態とはいえないという判断をしたことになる。なお、これは、立法裁量の逸脱濫用の有無についての判断であり、その際に考慮すべき事情（要素）が従前とは異なる点はあるが、判断の枠組み自体を変えたものではなく、判例変更ではない。
　（3）　そうすると、仮に、次回選挙までに較差是正の実現という将来的な立法対応がされるという本判決の前提が崩れ、較差拡大が放置されたまま選挙を迎える事態になった場合には、国会は較差是正のために自ら定めた期間での必要な努力を怠ったということになって、最高裁としては、もはや、従前のように「合理的期間を徒過した」か否かを改めて検討する余地はなく、直ちに「違憲」と判断することが可能になったものともいえよう。
　（4）　以上によれば、今回の大法廷判決が国会に発したメッセージは、いまだ較差の是正が十分とはいえないので、更なる較差是正の努力を確実に続けて結果を出すように、というものであり、その意味で、司法部が立法府に投げた球は、**ずしりと重い**ものとして受け止めるべきではなかろうか。」（強調　引用者）
と記述する。
　即ち、同論文は、「判断の枠組み自体を変えたものではなく、判例変更ではない。」（強調　引用者）の記述に照らし、【「判断枠組み」が、判例であること】を自認している。
　又、同論文は、「較差拡大が放置されたまま選挙を迎える事態になった場合には、……最高裁としては、……「違憲」と判断することが可能になったものともいえよう。」（強調　引用者）と指摘する。
　同論文は、【2段階の判断枠組みの①段階で「考慮すべき事情（要素）が従前とは異なる点がある」こと、即ち、平成24年大法廷判決（参）及び平成26年大法廷判決（参）の較差に関する2段階の判断枠組みの②段階の審査で考慮する、較差是正

に関する要素を、平成29年大法廷判決（参）では、①段階の審査で、考慮するという変更点があること】を認めている。この変更点こそが、最高裁判所の【選挙が違憲状態か否か】の判断の基準の変更であり、平成29年大法廷判決（参）の①段階の審査の判断基準が、平成24年大法廷判決（参）及び平成26年大法廷判決（参）の①段階及び②段階の各審査での判断基準と異なる点である。

　　これは、判例変更と解される。

③　毛利透「憲法訴訟の実践と理論【第9回】──投票価値較差訴訟の現状と課題──」判例時報2354号143頁は、

> 「平成29年判決の立場からしても、今後、国会が自らの約束を反故にし、現行の都道府県を単位とする選挙区制度に、ごく一部の合区以外には手直しを加えず、最大較差3倍程度が「常態化」するようなことになれば、それが違憲状態と判断される余地は十分あることになろう。
>
> 　ただし、このように違憲状態判断の段階ですでに国会の取組が評価されるとなると、違憲状態と違憲の区別は必然的にあいまいになる。また、私が平成21年判決から読み取った「客観的な較差指標の憲法判断全体における意義低下」が確定的に生じることになる。このような判断枠組みでよいのか、疑問も生じるところである。」（強調　引用者）

と記述する。

④　工藤達朗「公職選挙法14条、別表第3の参議院（選挙区選出）議員の議員定数配分規定の合憲性」民商法雑誌［2018］【154-3-128～130】522～524頁は、

> 「そうであれば、本判決の判断枠組みが問題になる。というのは、平成26年判決は、①当該定数配分規定の下での選挙区間における投票価値の不均衡が、違憲の問題が生ずる程度の著しい不平等状態に至っているか否か、②上記の状態に至っている場合に、当該選挙までの期間にその是正がされなかったことが国会の裁量権の限界を超えるとして当該定数配分規定が憲法に違反するに至っているか、といった判断の枠組みを前提とした審査を行ってきたという。このような段階的な判断枠組みは衆議院議員選挙の場合と共通である。この判断枠組みでは、①の段階で較差が違憲状態であるか否かを客観的に判断し、違憲状態と判断された場合に、②の段階で是正に向けての国会の取り組みを考慮に入れて、裁量権の限界を超えているかを審査することになる。ところが本判決は、①の段階で国会の決意表明や選挙後の取り組みを違憲状態か否かの考慮要素としている。①と②の審査が相対化している。これは**判断枠組みの変更**のようにも思われる。」（強調　引用者）

> 「最後に、本判決の国会へのメッセージが問題になる。判決は選挙区の区域を決定するにあたり都道府県を単位とすることを肯定した。ここから合区の積極的評価が生じる。今回の合区に対しては、選挙区の単位として都道府県を固持したものだという消極的評価もあるが、多数意見は、都道府県にとらわれない選挙制度の抜本的な改正[24]ではなくても、今回の合区のような、複数の都道府県を組み合わせた地域ブロック制度でも、「都道府県を単位として各選挙区の

定数を設定する現行の方式をしかるべき形で改め」たもので、「現行の選挙制
度の仕組み自体の見直し」と認めるから、まずはこの方向で投票価値の平等の
実現を図れとのメッセージを発したといえよう。」（強調　引用者）
と記述する。

> 「[24]　例えば、野中俊彦ほか『憲法Ⅱ〔第5版〕』（有斐閣、2012年）47頁［高見勝利］
> 参照。」

⑤　齊藤愛「平成28年参議院議員選挙と投票価値の平等」法学教室2018/3号　No.
450　50頁は、同参院選（選挙区）について、
「選挙権という権利の平等という点に鑑みれば、**1対1を基本原則とすべきで
あろう。**」（強調　引用者）
と記述する。

⑥　松本和彦「参議院議員定数不均衡訴訟　最高裁平成29年9月27日大法廷判決」
法学教室2018年1月号 No.448　123頁は、
「なお、「**違憲状態を脱していないというべき**」だったのではないか。」（強調
引用者）
と記述する。

⑦　堀口悟郎「平成28年参議院議員通常選挙における1票の較差」法学セミナー
2018年1月号 No.756　96頁は、
「本判決は、同法の附則において、次回選挙までに選挙制度の「抜本的な見直
し」について「必ず結論を得る」と規定された点も、合憲判断の理由として挙
げている。そのため、次回選挙までに抜本的な見直しが実現しなければ、今度
は**違憲判決もありうるだろう。**」（強調　引用者）
と記述する。

⑧　上田健介「公職選挙法14条、別表第3の参議院（選挙区選出）議員の議員定数
配分規定の合憲性　平成28年参議院議員選挙投票価値較差訴訟大法廷判決」判例
時報2377号153頁（判例評論716号7）は、
「この改正（平成30年改正法〈平成30年法律第75号〉。引用者注）が、平成27年
改正法の附則で宣言した**「選挙制度の抜本的な見直し」**といえるかは疑わし
い。」（強調　引用者）
と記述する。

⑨　横尾日出雄「参議院議員定数不均衡訴訟に関する最高裁の判断と参議院選挙制
度改革について──最高裁平成29年9月27日大法廷判決と平成30年改正公職選挙
法の憲法上の問題点」中京ロイヤー29号（2018年）57頁は、
「したがって、この平成30年改正による国会の対応は、較差是正措置も十分と
はいえず、選挙制度の抜本的な見直しにもならないものであり、この点で、較
差是正や抜本的見直しに向けた国会の姿勢は、きわめて消極的なものにとどま
る。平成31年選挙について参議院議員定数不均衡訴訟が提起された場合、最高

(3)　ところで、かかる同②段階の審査の判断基準は、「国務に関するその他の行為」（憲法98条1項後段）に該当する。

　　よって、上記(2)（本書38頁）記載のとおり、違憲状態の選挙を合憲とする、同②段階の審査の判断基準（但し、「国務に関するその他の行為」〈憲法98条1項後段〉）は、憲法98条1項（「**その条規に反する法律、命令、詔勅及び国務に関するその他の行為の全部又は一部は、その効力を有しない。**」〈強調　引用者〉）の明文に反する。

(4)　その結果、「国務に関するその他の行為」（憲法98条1項後段）たる同②段階の審査の判断基準は、憲法98条1項後段（「その条規に反する法律、命令、詔勅及び**国務に関するその他の行為の全部又は一部は、その効力を有しない。**」〈強調　引用者〉）の明文により、「**その効力を有しない。**」

　　3　平成29年大法廷判決（参）の投票価値の較差についての2段階の判断枠組みの①段階の審査の判断基準は、平成24年大法廷判決（参）及び平成26年大法廷判決（参）の2段階の判断枠組みの①段階及び②段階の審査各の判断基準（上記　1(1)〈本書33〜34頁〉参照）の判例[14]に反する（<u>判例違反</u>）：（本書42〜48頁）

　　裁は、この消極的な国会の対応に対して明示的なメッセージを発し、較差是正を含めた選挙制度の抜本的な見直しを迫ることになると思われる。」（強調　引用者）
　と記述する。
14)　千葉勝美「司法部の投げた球の重み」法律時報89巻13号6頁は、
　　「すなわち、本判決は、3.08倍まで較差が縮小され、それだけでは十分とはいえないとしても（十分であれば、即合憲判断がされたはずである。）、それに加え、更なる較差是正が確実に行われようとしていることを併せて評価して、今回は違憲状態とはいえないという判断をしたことになる。なお、これは、立法裁量の逸脱濫用の有無についての判断であり、その際に考慮すべき事情（要素）が従前とは異なる点はあるが、**判断の枠組み自体を変えたものではなく、判例変更ではない。**」（強調　引用者）
　と記述し、「判断の枠組みを変えたものではなく、判例変更ではない」とする。
　　<u>とはいえ、同記述は、当該「判断枠組み」が判例であることを認めている。</u>

下記(1)～(6)（本書43～48頁）で、標記の理由を詳述する。

(1) **先ず、**中丸隆最高裁裁判所調査官執筆「最高裁判所判例解説　平29.9.27大法廷判決（民事関係）」法曹時報70巻80号2286頁の

「**第3**　説　明

　　1　憲法判断の基本的枠組みと本件定数配分規定の憲法適合性

　　参議院議員選挙に係る定数配分規定の憲法適合性については，前記第1の2⑵の昭和58年大法廷判決において，①当該定数配分規定の下での選挙区間における投票価値の不均衡が違憲の問題が生ずる程度の著しい不平等状態（いわゆる違憲状態）に至っているか否か，②当該選挙までの期間内に当該不均衡の是正がされなかったことが国会の裁量権の限界を超えるに至っているか否かの**各観点から検討する**という基本的な判断枠組みが示され，以後の最高裁判例はこの判断枠組みを前提として憲法適合性の審査を行ってきている。」（強調　引用者）

の記述から明らかなとおり、

【平成29年大法廷判決（参）が、平成24年大法廷判決（参）及び平成26年大法廷判決（参）の投票価値の較差についての2段階の判断枠組みを継続して採用していること】は、明らかである。

(2) ①平成29年大法廷判決（参）は、平成24年大法廷判決（参）及び平成26年大法廷判決（参）の投票価値の較差についての2段階の判断枠組みの②段階の審査で考慮すべき、投票価値の較差是正に関する要素を、①段階の審査で、**先取りして、併せ考慮し、**【平成28年参院選（選挙区）は、違憲状態に該当せず、合憲である】旨の判断を導いている（下記⑶〈本書43～45頁〉参照）。

(3) **判例違反：**しかしながら、平成24年大法廷判決（参）及び平成26年大法廷判決（参）の投票価値の較差についての2段階の判断枠組み（判

例）（上記1(1)（本書33～34頁））では、較差是正のための立法措置などの投票価値の較差是正に関する要素は、①段階の審査で、当該選挙が違憲状態に至っていると判断された場合に初めて、②段階の審査で、【基準日たる選挙投票日の時点で、較差が是正されなかったことが国会の裁量権の限界を超えたか否か】を判断する際に、考慮すべき要素である（1(2)（本書34～36頁）参照）。

　このことは、平成26年大法廷判決（参）（民集68巻9号1376⑭頁）が、

　　　「参議院議員の選挙における投票価値の較差の問題について，当裁判所大法廷は，これまで，①当該定数配分規定の下での選挙区間における投票価値の不均衡が，違憲の問題が生ずる程度の著しい不平等状態に至っているか否か，②上記の状態に至っている場合に，当該選挙までの期間内にその是正がされなかったことが国会の裁量権の限界を超えるとして当該定数配分規定が憲法に違反するに至っているか否かといった判断の枠組みを前提として審査を行ってきており，」（強調　引用者）

と判示することから、明らかである（当該判示の中の「②上記の状態に至っている場合に，」の記述に特に注目されたい）。

　ところが、平成29年大法廷判決（参）が採用した①段階の審査の判断基準は、②段階の審査で考慮すべき、較差是正に関する要素を、①段階の審査で、先取りして、併せ考慮し、【当該選挙は違憲状態に該当しない】旨の結論を導くに至り得る、判断基準である。

　よって、平成29年大法廷判決（参）が採用した①段階の審査の判断基準は、平成24年大法廷判決（参）及び平成26年大法廷判決（参）の2段階の判断枠組みの①段階及び②段階の審査の判断基準（即ち、上記1(1)（本書33～34頁）の「①当該定数配分規定の下での選挙区間における投票価値の不均衡が，違憲の問題が生ずる程度の著しい不平等状態に至っているか否か、②上記の状態に至っている場合に、当該選挙までの期間内にその是正がされなかったことが国会の裁量権の限界を超えるとして当該定数配分規

定が憲法に違反するに至っているか否か」の判断基準）**に反する**（即ち、**判例違反**）と解される（但し、選挙人らは、平成26年大法廷判決（参）の②段階の審査の判断基準は、上記**2**（本書38〜42頁）に示すとおり、憲法98条1項後段の明文により「その効力を有しない」と解するが）。

(4) **判例の拘束力**：（本書45〜47頁）

ア　ここで、判例の拘束力について議論すると、**予測可能性の保障と法的安定性の要請**[15]**から、判例は、裁判官（即ち、最高裁判所裁判官及び下級裁判所裁判官）を拘束する**[16]。

イ　予測可能性の保障と法的安定性の要請から、憲法判例を変更するためには、**【①判例変更した旨の文言及び②従前の判例がどの点で誤っており、新しい判例がどの点で正しい、という判例変更の理由が、最高裁の判決文の中に、記載されること】が要請される**[17]。

15）長谷部恭男『憲法〔第7版〕』（新世社、2018年）450頁参照
16）長谷部恭男『憲法〔第7版〕』（新世社、2018年）449頁は、
「判例，とくに最高裁判所の判例が，法的拘束力を持つか否かという点については，前に述べた（1.3.4(2)）。結論のみを繰り返すならば，いわゆる法的拘束力説と事実上の拘束力説とは，最高裁判所の判例が下級裁判所に対して持つ拘束力に関する限り，差異を生じない。判例が裁判所を事実上拘束しているということは，結局，法的な拘束力があるということである。」（強調　引用者）
と記述する。
17）長谷部恭男『憲法〔第7版〕』（新世社、2018年）450頁は、
「むしろ，憲法判例には，通常の立法によっては変更されるべきでない社会の基本的価値の維持が期待されており，そのため，その実質的内容の持つ説得力を通じて他の国家機関や国民一般の支持を得ることで，はじめて拘束力と実効性を備えることができるものと考えることができる（全農林警職法事件判決（最大判昭和48.4.25刑集27巻4号547頁）に付された田中二郎等5裁判官の意見参照）。
　したがって，その内容の説得力を通じて現に広く社会の支持を得ている憲法判例を変更するにはきわめて慎重であるべきであろうが，社会の良識に照らして誤っていると見られる憲法判例については，通常の判例に比べて，その変更はより柔軟に考慮されるべきであろう。」（強調　引用者）
と記述する。

ウ　もし仮に、平成29年大法廷判決（参）の【平成28年参院選（選挙区）は、平成27年改正法（法律第60号）は、投票価値の較差の縮小を図っており、かつその附則において、「更なる是正に向けての方向性と決意」を示していると「評価」できるので、これら双方を総合的に考慮して、違憲状態ではなく、合憲である】旨の判示は、従来からの2段階の判断枠組みの①段階～②段階の各審査（上記1(1)～(3)（本書33～38頁）参照）の判断基準の変更であるとする[18]と、上記（本書45頁）に示したとおり、予測可能性の保障と法的安定の要請から、判例変更のために、【①判例変更した旨の文言及び②従前の判例がどの点で誤っており、新しい判例がどの点で正しい、という判例変更の理由が、判決文中に明記されること】が要求される（上記**イ**〈本書45頁〉；下記XI〈本書77～82頁〉参照）。

　ところが、平成29年大法廷判決（参）においては、上記①～②（本書45頁）記載の判例変更の文言及び判例変更の理由が記載されていない。

　したがって、かかる平成29年大法廷判決（参）の、上記①～②（本書45頁）記載の判例変更の文言及び判例変更の理由を欠く、①段階の審査での

---

18)　①　工藤達朗「公職選挙法14条、別表第3の参議院（選挙区選出）議員の議員定数配分規定の合憲性」民商法雑誌［2018］【154-3-128～129】522～523頁は、「そうであれば、本判決の判断枠組みが問題になる。というのは、平成26年判決は、①当該定数配分規定の下での選挙区間における投票価値の不均衡が、違憲の問題が生ずる程度の著しい不平等状態に至っているか否か、②上記の状態に至っている場合に、当該選挙までの期間にその是正がされなかったことが国会の裁量権の限界を超えるとして当該定数配分規定が憲法に違反するに至っているか、といった判断の枠組みを前提とした審査を行ってきたという。このような段階的な判断枠組みは衆議院議員選挙の場合と共通である。この判断枠組みでは、①の段階で較差が違憲状態であるか否かを客観的に判断し、違憲状態と判断された場合に、②の段階で是正に向けての国会の取り組みを考慮に入れて、裁量権の限界を超えているかを審査することになる。ところが本判決は、①の段階で国会の決意表明や選挙後の取り組みを違憲状態か否かの考慮要素としている。①と②の審査が相対化している。これは判断枠組みの変更のようにも思われる。」（強調　引用者）と記述する。

②　他方で、千葉勝美元最高裁判事「司法部の投げた球の重み――最大判平成29年9月27日のメッセージは？」法律時報89巻13号6頁は、前掲[14]（本書41頁）記載のとおり、「判断の枠組み自体を変えたものではなく、判例変更ではない。」（強調　引用者）と記述する。

判断基準の変更は、有効な判例変更とは解されず、平成26年大法廷判決（参）の【2段階の判断枠組みの①段階の審査の判断基準及び②段階の審査の判断基準（上記1(1)〈本書33〜34頁〉参照）】の判例に反すると解される（下記XI〈本書77〜82頁〉参照）。

(5)　**平成29年最高裁判所判例解説2297頁の記述：**（本書47〜48頁）

　ア　「最高裁判所判例解説　平成29.9.27大法廷判決（民事関係）」（中丸隆最高裁判所調査官執筆）2297（215）頁（法曹時報70巻8号2297頁）の「（注15）」は、「平成27年改正法附則7条の定めについては、立法府の将来の行動に関する事情として前記**第3の1②**

　　　　（即ち、「最高裁判所判例解説平成29.9.27大法廷判決（民事関
　　　　係）」（中丸隆最高裁判所調査官執筆）2286のうちの「**第3**」の
　　　　「**1**」の「**②**」を指す。引用者注）（上記3(1)（本書43頁）参照）

の判断において考慮することも考えられるが、……」（強調　引用者）と記述する。

　即ち、中丸隆最高裁判所調査官は、同記述のとおり、【平成27年改正法附則7条の定め（即ち、較差是正の要素）を、参院選（選挙区）の投票価値の較差についての2段階の判断枠組みの②段階の審査で、考慮し得ること】を自ら認めている。

　イ　ということは、平成29年大法廷判決（参）は、中丸隆最高裁判所調査官が自ら認めるとおり、平成24年大法廷判決（参）及び平成26年大法廷判決（参）の投票価値の較差に関する2段階の判断枠組みの②段階の審査で考慮する較差是正の要素を①段階の審査で**先取りして、併せ考慮して**いるのであるから、

　平成29年大法廷判決（参）は、平成24年大法廷判決（参）及び平成26年大法廷判決（参）の②段階の各審査の判断基準の較差是正の要素を、①段階の審査で、**先取して、併せ考慮し、**『選挙が違憲状態であるか否か』を判断するという新しい判断基準に**変更**したことになる。

ウ　それにも拘わらず、平成29年大法廷判決（参）は、①【判例変更をしたこと】を明記せず、かつ②旧判断基準がどの点で誤っており、平成29年大法廷判決（参）の新しい判断基準がどの点で正しい、という判例変更の理由を明記していない。

エ　上記①【判例変更をしたこと】及び②【判例変更の理由】（本書46頁）の各明記を欠くことは、（①判例変更したことを明示し、かつ②旧判断基準がどの点で誤っており、新しい判断基準がどの点で正しい、という判例変更の理由を明示している）**最大判昭48.4.25（全農林警職法事件刑集27巻4号547頁）の【判例変更に関する判例】**に反する（下記XI（本書77～82頁）参照）。

(6)　昭和51年大法廷判決（衆）の事情判決の判例は、①提訴された選挙は、千葉1区選挙のみであり、かつ②比例代表選挙は存在しなかったという事情の下で、違憲の選挙を有効と判決した判例であるので、【憲法は、人口比例選挙を要求する】と主張する原告からみると、いわば**悪魔の判例**であった。

しかしながら、平成29年衆院選の裁判では、①比例代表選挙が存在し、かつ②全選挙区で各原告が提訴したという2つの新事情があるので、昭和51年大法廷判決（衆）の事情判決の判例は、【違憲状態又は違憲の選挙を無効とする判例拘束力】を持つ、悪魔の判例とは真逆の、**天使の判例**である。

VI　比例代表選出議員が存在するので、昭和51年大法廷判決（衆）の事情判決の判例に従って、裁判所は、憲法76条3項、99条、民事訴訟法253条1項3号、行政訴訟法7条に基づき、【本件選挙は、違憲無効】と判決する義務を負う：（本書48～55頁）

2個の事情判決の判例（昭和51年大法廷判決（衆）及び昭和60年大法廷判決（衆））は、いずれも、衆院選についての判例であるが、最高裁は、参院選についても、要件を満たす限り、同様の事情判決の判例（又は事情判決の法理）を採用する、と推察される。

衆院選の事情判決の判例は、参院選にも当てはまると解されるので、本Ⅵ（本書48〜55頁）で、昭和51年大法廷判決（衆）の【事情判決の判例】について、議論する（但し、昭和60年大法廷判決（衆）のそれについても、同様の議論とする）。

1　昭和51年大法廷判決（衆）：（本書49〜54頁）

⑴　昭和39（1964）年以降今日までの56年間に、最高裁大法廷は、昭和51（1976）年及び昭和60（1985）年の2回、事情判決（「違憲違法判決」ともいう）を言渡している（昭和51年4月14日最高裁大法廷判決（昭和51年民集30巻3号223頁）〈以下、昭和51年大法廷判決（衆）ともいう〉及び昭和60年7月17日最高裁大法廷判決（昭和60年民集39巻5号1100頁）〈以下、昭和60年大法廷判決（衆）ともいう〉参照）。

その2個の事情判決の中の1個である昭和51年大法廷判決（衆）について言えば、同事案は、裁判対象たる選挙区が千葉1区のみであり、かつ当該選挙当時、衆院選は、中選挙区制選挙のみであり、比例代表制選挙は存在しなかった。

昭和51年大法廷判決（衆）は、大要、

【①　裁判対象の選挙区（千葉1区）の選挙を憲法98条1項に従って、違憲無効と判決しても、その余の選挙区の各選挙は、提訴されていないため、有効であり続けるので、当該選挙区（千葉1区）から衆議院議員が選出されないまま、衆院の立法（投票価値の較差是正のための改正立法を含む）が行われるという、憲法の**「所期するところ」**（強調　引用者　昭和51年大法廷判決（衆））〈民集30号3号252⑺⒄頁〉参照）でない結果を生ずる。

② 更に、全国の選挙について、選挙無効訴訟が提起されたとして
も、選挙無効の判決が言渡されると、全衆院議員が存在しないこと
になり、この場合も、公選法自体の改正が出来ないという憲法の
「所期するところ」でないことが生じる。

③ このような事情を考慮して、「本件選挙は憲法に違反する議員定
数配分規定が行われた点において違法である旨を判示するにとどめ、
選挙自体はこれを無効としないこととするのが相当である」（昭和51
年大法廷判決（衆）〈民集30巻 2 号254⑺頁〉参照）】旨

の事情判決（違憲違法判決）を言渡した[19]。

(2)　昭和51年大法廷判決（衆）は、当該選挙が、違憲であるが、「憲法
の**所期**するところに必ずしも適合しない結果」（但し、昭和51年大法廷判決
（衆）の文言）が生じることを指摘して、**「殊に憲法違反という重大な瑕疵を
有する行為については、憲法98条 1 項の法意に照らしても、一般にその効
力を維持すべきものではない」**（強調　引用者）（昭和51年大法廷判決（衆）〈昭
51・民集30巻 3 号253⑺頁〉参照）**という「一般」**（強調　引用者）**の法原則**があ
るにも拘わらず、敢えて憲法98条 1 項後段の明文に反して、当該選挙を
「違憲違法」とする事情判決を言渡した、と解される。

　したがって、当該「憲法の所期するところに必ずしも適合しない結果」
（民集30巻 3 号253〈71〉頁）**が生じない場合は、違憲と判断される衆院選（小
選挙区）は、「一般」**（強調　引用者）**の法原則どおり、憲法98条 1 項の明文
に従って、「選挙無効」とすることが、昭和51年大法廷判決（衆）及び昭
和60年大法廷判決（衆）の事情判決の判例である、と解される。**

　平成29年衆院選においては、小選挙区選挙と比例代表選挙が、同時に施
行され、下記Ⅷ 1 **(4)ア～エ**（本書57～63頁）に示すとおり、当該「憲法の所
期するところに必ずしも適合しない結果」（民集30巻 3 号253〈71〉頁）が生じ
ないので、事情判決の判例（昭和51年大法廷判決（衆）及び昭和60年大法
廷判決）に拘束されて、憲法98条 1 項後段に従って、「選挙無効」判決が

言渡されるべきである。

　平成29年衆院選（小選挙区）が「選挙無効」判決により無効とされても、比例代表選出の衆院議員が憲法56条１項の1/3の定足数を満たすので、衆議院は、国会活動を有効に行い得る。
　【当該平成29年衆院選（小選挙区）選出の全ての国会議員が、当該選挙

19）昭和51年大法廷判決（衆）（民集30巻３号252(70)〜253(71)頁）は、
　「しかしながら、他面、右の場合においても、選挙無効の判決によって得られる結果は、当該選挙区の選出議員がいなくなるというだけであって、真に憲法に適合する選挙が実現するためには、公選法自体の改正にまたなければならないことに変わりはなく、**更に、全国の選挙について同様の訴訟が提起され選挙無効の判決によってさきに指摘したのとほぼ同様の不当な結果を生ずることもありうるのである**。また、仮に一部の選挙区の選挙のみが無効とされるにとどまった場合でも、もともと同じ憲法違反の瑕疵を有する選挙について、そのあるものは無効とされ、他のものはそのまま有効として残り、しかも、右公選法の改正を含むその後の衆議院の活動が、選挙を無効とされた選挙区からの選出議員を得ることができないままの異常な状態の下で、行われざるをえないこととなるのであって、このような結果は、憲法上決して望ましい姿ではなく、また、その**所期**するところでもないというべきである。それ故、公選法の定める選挙無効の訴訟において同法の議員定数配分規定の違憲を主張して選挙の効力を争うことを許した場合においても、右の違憲の主張が肯認されるときは常に当該選挙を無効とすべきものかどうかについては、更に検討を加える必要があるのである。
　（略）
　しかしながら、本件のように、選挙が憲法に違反する公選法に基づいて行われたという一般性をもつ瑕疵を帯び、その是正が法律の改正なくしては不可能である場合については、単なる公選法違反の個別的瑕疵を帯びるにすぎず、かつ、直ちに再選挙を行うことが可能な場合についてされた前記の立法府の判断は、必ずしも拘束力を有するものとすべきではなく、前記行政事件訴訟法の規定に含まれる法の基本原則の適用により、選挙を無効とすることによる不当な結果を回避する裁判をする余地もありうるものと解するのが、相当である。もとより、**明文の規定がないのに安易にこのような法理を適用することは許されず、殊に憲法違反という重大な瑕疵を有する行為については、憲法98条１項の法意に照らしても、一般にその効力を維持すべきものではない**が、しかし、このような行為についても、高次の法的見地から、右の法理を適用すべき場合がないとはいいきれないのである。」（強調　引用者）
と記述する。
　なお、選挙無効請求訴訟について事情判決を用いる法理は、中村治朗判事が、最高裁首席調査官時代に創造した（ウィキペディア　「中村治朗最高裁判官」参照）。

の「違憲無効判決」により地位を喪失するということ】は、憲法56条1項の定足数（1/3）の定めがあることから、憲法の**「所期」**（（強調　引用者）昭和51年大法廷判決（衆）〈民集30巻3号250(68)、251(69)、252(70)、253(71)頁〉記載の文言参照）の範囲内の事態の発生、と解される。

(3)　ところで、昭和51年大法廷判決（衆）では、全15最高裁判事のうち、6最高裁判事（岡原昌男、下田武三、江里口清雄、大塚喜一郎、吉田豊、岸盛一の6判事）は、当該選挙を違憲無効とする旨の反対意見であった[20]。

即ち、同6最高裁判事は、昭和51年大法廷判決（衆）の裁判対象の選挙が、中選挙区制のみから成り立っており、当時、比例代表制は存在せず、しかも当該裁判対象の選挙区は、千葉1区のみであったという事情の下でも、【当該選挙は、憲法違反であり、憲法98条1項後段の明文に従って、無効である】旨の反対意見であった。

同判決中、同6最高裁判事の唱える選挙無効の反対意見は、当時、決して、1人～2人の小数の最高裁判事の唱える孤立した異端の意見ではなかった。

昭和51年当時と今日との間に、何らの特段の事情も認められないので、この選挙無効説は、今日でも、なお、異端ではない。

(4)　**合計9個**[21]の【最高裁判事の補足意見、反対意見、3高裁判決及び長谷部恭男教授論文】は、いずれも、**【違憲の瑕疵をおびる選挙は、無効である又は無効であり得る】**旨記述する。

---

20)　昭和51年大法廷判決（衆）〈民集30巻3号254(72)～274(92)頁〉
21)　①　昭和60年大法廷判決（衆）（事情判決）において、最高裁長官寺田治郎、最高裁判事木下忠良、同伊藤正己、同矢口洪一の補足意見は、「是正措置が講ぜられることなく、現行定数配分規定のまま施行された場合における選挙の効力については、……その効力を否定せざるを得ないこともあり得る」（強調　引用者）と明言されている（民集39巻5号1124（136）～1126（138）頁）。

ところで、寺田治郎最高裁判事は、当時、最高裁長官であった。矢口洪一最高裁判事、木下忠良最高裁判事及び伊藤正己最高裁判事は、それぞれ、当時、第一小法

廷、第二小法廷及び第三小法廷に属していた。当時の立法府の複数の国会議員は、同3最高裁判事の補足意見に接して、同3最高裁判事の所属する、それぞれの小法廷の残余の全最高裁判事も、同じ補足意見であろうと推測したであろうと推察される。

② 昭和58年大法廷判決（衆）（違憲状態判決）（民集37巻9号1274(31)～1287(45)頁）において、中村治朗最高裁判事は、

「五一年判決にいう事情判決の一般的法理というのも当然このような性質を有するものと理解され、同判決は、これを前提として当該事案に即して右事情判決の法理により請求を棄却すべきものと判断したにとどまり、この種の選挙訴訟においては常に被侵害利益の回復よりも当該選挙の効力を維持すべき利益ないし必要性が優越するとしているわけではなく、具体的事情のいかんによっては、**衡量の結果が逆になり、当該選挙を無効とする判決がされる可能性が存することは、当然にこれを認めているものと解されるのである**（同判決が選挙無効の判決の結果として生ずべき種々の不都合な結果を挙げているのも、専ら、事情判決の法理を採用すべき理由としての一般論を述べたものか、又は前記**比較衡量**にあたって特にしんしやくすべき点を指摘したにとどまるというべきである。）。もっとも、いかなる場合にそのような逆の判断がされる可能性があるかについては、いちがいにこれを論ずることはできないが、例えば議員定数配分規定が憲法に違反するとされながらいわゆる事情判決の法理に従った処理がされた場合には、そこではその後右規定につき国会による是正がされることの期待の下に、この是正の可能性の存在と、右規定改正の審議については当該違法とされた選挙に基づいて当選した議員も参加してこれを行うことが妥当であると考えられることなどが比較衡量上の重要な要素とされていたものと推察されるから、右判決後も相当期間かかる改正がされることなく漫然と放置されている等、国会による自発的是正の可能性が乏しいとみられるような状況の下で更に新たに選挙が行われたような場合を想定すると、その選挙の効力が争われる訴訟において、選挙権の平等に対する侵害の是正の必要性がもはや選挙を無効とすることによって生ずべき不利益よりも優越するに至っているものとして、当該請求を認容し、選挙無効の判決をすべきものとされる可能性は十分にあると思われる。」（同1286(44)～1287(45)頁）（強調 引用者）

との反対意見を記述されている。即ち、同最高裁判事は、【事情判決の言渡し後も、是正されることなく選挙が実施された場合は、衝突する各利益の比較衡量により「選挙無効の判決」の可能性が十分にある】旨明言されている。

③ 昭和58年大法廷判決（衆）（違憲状態判決）において、団藤重光最高裁判事は、【違憲無効判決を言渡すべきである】旨の反対意見を記述されている（民集37巻9号1268(26)～1273(31)頁）。

④ 山本庸幸最高裁判事は、平成26年大法廷判決（参）、平成29年大法廷判決（参）、

平成30年大法廷判決（衆）の全てにおいて、【選挙は無効である】旨の反対意見を記述されている（平成26年民集68巻9号1416⑸～1422⑽頁；平成29年民集71巻7号1166（146）～1173（153）頁；平成30年民集72巻6号1295（303）～1301（309）頁）。

⑤　平成27年大法廷判決（衆）において、大橋正春最高裁判事は、「本件選挙は、本判決の確定後6か月経過後に無効とすることが相当である」（強調　引用者）との反対意見を記述されている（民集69巻7号2081（319）～2085（323）頁）。

⑥　平成27年大法廷判決（衆）において、木内道祥最高裁判事は、「この12の選挙区については選挙無効とされるべきであり，その余の選挙区の選挙については，違法を宣言するにとどめ無効とはしないこととすべきである」（強調　引用者）との反対意見を記述されている（民集69巻7号2090（328）～2097（335）頁）。

⑦　平成25年3月25日広島高裁判決（衆）（筏津順子裁判長）（判例時報2185号36頁）は、【選挙は無効とする。但し、その効力は、平成25年11月26日経過後に発生する】旨判決した。平成25年3月26日広島高裁岡山支部判決（衆）（片野悟好裁判長）（裁判所ホームページ）及び平成25年11月28日広島高裁岡山支部判決（参）（片野悟好裁判長）（訟月61巻7号1495頁）は、それぞれ【選挙は無効とする】旨判決した。

⑧　平成24年大法廷判決（参）において、田原睦夫最高裁判事、須藤正彦最高裁判事及び大橋正春最高裁判事は、夫々、【次回の平成25年参院通常選挙が、当面の弥縫策を施した上で、現行の枠組みの下で行われるならば、最高裁として選挙無効の判断をもって対処すべきである】旨の反対意見を記述されている（田原睦夫最高裁判事　民集66巻10号3388⑺⑻～3406⑼⑹頁；須藤正彦最高裁判事　同3406⑼⑹～3420（110）頁；大橋正春最高裁判事　同3420（110）～3428（118）頁）。

⑨　長谷部恭男「投票価値の較差を理由とする選挙無効判決の帰結」法学教室 No. 380　2012年5月号40頁は、
「現在問題となっている1人別枠方式とそれに基づく選挙区割りの場合，小選挙区制である以上，失われる議員も選挙区ごとに一人にとどまる[13]。しかも，平成23年の大法廷判決は1人別枠方式の廃止を含め速やかな是正が要請される点を明確に摘示している。是正に必要な合理的期間は十分にあったと言うべきであろう。それにもかかわらず是正がなされることもなく解散・総選挙が行われたとき，事情判決の法理をとることはかえって，国会が最高裁の判断を正面から無視し，それを最高裁が甘受するという憲法の到底所期しない結果を招くこととなる。」
（強調　引用者）
　　「[13]　事情判決の法理の採用を中選挙区制のものとする理解として、川岸令和「違憲裁判の影響力──司法の優位についての覚書」戸松秀典＝野坂泰司編「憲法訴訟の現状分析」（有斐閣、2012）101頁がある。」
と記述する。

2　事情判決は、現在もなお有効な判例である：(本書55頁)

　昭和51 (1976) 年〜平成31 (2019) 年までの43年間で、選挙無効訴訟についての事情判決は、昭和51年大法廷判決（衆）及び昭和60年大法廷判決（衆）の2個の大法廷判決のみであるため、同43年間に言渡されたその他の各最高裁判決は、いずれも、昭和51年大法廷判決（衆）及び昭和60年大法廷判決（衆）の事情判決の判例を変更する判断をしていない。

　したがって、昭和51年大法廷判決（衆）及び昭和60年大法廷判決（衆）の「事情判決」の判例は、今日においてもなお有効であり、最高裁裁判官及び下級審裁判官を拘束する、と解される。

　「事情判決」の判例は、衆院選と参院選とで異なると解すべき合理的根拠がないので、衆院選及び参院選の双方に適用される、と解される。

Ⅶ　選挙無効判決は、社会的混乱を生まない：(本書55〜63頁)

1　衆院選（小選挙区）の違憲無効判決は、社会的混乱を生まない：
(本書55〜63頁)

　(1)　平成30年大法廷判決（衆）は、平成29年衆院選（小選挙区）を、縮小した投票価値の較差（最大）（1対1.98）と「平成24年改正法から平成29年改正法までの立法措置」を総合的に考慮して、いわゆる違憲状態に該当せず、合憲、と判断した。

　(2)　平成25年大法廷判決（衆）（民集67巻8号1522⑷頁）及び平成27年大法廷判決（衆）（民集69巻7号2059（297）頁）は、いずれも、

　　　「衆議院議員の選挙における投票価値の較差の問題について、当裁判所大法廷は、**これまで**、①定数配分又は選挙区割りが前記のような諸事情を総合的に考慮した上で投票価値の較差において憲法の投票価値の平等の要求に反する状態に至っているか否か、②上記の

状態に至っている場合に、憲法上要求される合理的期間内における是正がされなかったとして定数配分規定又は区割規定が憲法の規定に違反するに至っているか否か、③当該規定が憲法の規定に違反するに至っている場合に、選挙を無効とすることなく選挙の違法を宣言するにとどめるか否かといった判断の枠組みに従って審査を行ってき（た）」（強調　引用者）

と判示している（上記Ｖ１(1)〈本書33〜34頁〉参照）。

　【平成25年大法廷判決（衆）及び平成27年大法廷判決（衆）の各判決文中に「これまで」（強調　引用者）の４文字が明記されていること】が示すとおり、【同３段階の判断枠組みの判例は、平成23年大法廷判決（衆）においても、採用されている。

　(3)ア　平成30年大法廷判決（衆）の【当該選挙は、違憲状態に該当せず、合憲である】旨の判示は、投票価値の較差についての３段階の判断枠組みの①段階の審査で、②段階の審査で考慮すべき【較差の是正の要素】を先取して併せ考慮し、当該選挙は違憲状態でない旨判決しているので(平成29年大法廷判決（参）の投票価値の較差についての２段階の判断枠組みの議論たる上記Ｖ３(2)〈本書43頁〉参照)、上記(2)（本書55〜56頁）記載の、平成23年大法廷判決(衆)、平成25年大法廷判決(衆)及び平成27年大法廷判決(衆)の採用する投票価値の較差についての３段階の判断枠組みの判例に反する。

　イ　したがって、平成29年衆院選（小選挙区）は、平成23年大法廷判決（衆）、平成25年大法廷判決（衆）及び平成27年大法廷判決（衆）の、投票価値の格差についての３段階の判断枠組みの判例に拘束されて、①段階の審査で、基準日たる選挙投票日の時点において、違憲状態と判断されるべきものである。

　ウ　更に議論を進めると、平成29年衆院選（小選挙区）は、平成23年大

法廷判決（衆）、平成25年大法廷判決（衆）及び平成27年大法廷判決（衆）の、投票価値の較差についての3段階の判断枠組みの判例に拘束されて、①段階の審査で、違憲状態と判断されるので、昭和51年大法廷判決（衆）の事情判決の判例に拘束されて、憲法98条1項後段（「その条規に反する法律、……国務に関するその他の行為の全部又は一部は、その効力を有しない。」）の明文の規範に従って、「選挙無効」と判決されるべきである。

けだし、①段階の審査で、投票価値の較差が「憲法の平等の要求に反する状態」（即ち、違憲状態）と判断された以上、当該選挙は、憲法98条1項後段の明文に従って選挙無効とされるべきで、【②段階の審査で、【較差是正のための合理的期間の末日が、基準日たる選挙投票日の時点で、未徒過であること】を理由として、①段階の審査で、違憲状態と判断された選挙を「合憲・有効」とすること】は、憲法98条1項後段の明文の規範に反するからである（Ⅴ2〈本書38〜42頁〉参照）。

(4) 社会的混乱は生じない：(本書57〜63頁)

そこで、平成29年衆院選（小選挙区）が「選挙無効」とされた場合に、はたして、社会的な混乱が生じるか否かの問題を下記**ア〜エ**（本書57〜63頁）で、詳細に検討する。

ア

(ア) 衆院の議員定数は、2017年1月末現在、465人。同465人は、289人の小選挙区選出議員と176人の比例代表選出議員から成る（公職選挙法〈以下、公選法ともいう〉4条1項）。

衆院の比例代表選出議員・176人は、衆院議員の定足数・155人（＝465人÷3）（憲法56条1項）を超える。

平成30年大法廷判決（衆）の裁判の対象たる平成29（2017）年衆院選（小選挙区）について言えば、

　(i) 全289小選挙区に住所を有する各選挙人が、原告となって、提訴しており[22]、

　(ii) 同衆院選では、比例代表制選挙が併用されている。

即ち、平成29年衆院選（小選挙区）においては、全289小選挙区が裁判の対象となっているため、全289小選挙区につき、選挙違憲無効判決が言渡され、全289人の小選挙区選出議員が不存在となっても、**比例代表制選挙で当選した国会議員・176人が衆院の定足数**（＝155人＝衆院の定数〈465人〉÷3）を超えるため、衆院は同176人の議員により、国会活動を有効に行い得る（憲法56条1項）。よって、昭和51年大法廷判決当時に存在した、【一部の選挙区の選挙又は全選挙区の選挙につき、選挙無効判決が言渡されると、「憲法の所期しない結果を生ずる」（強調　引用者）（昭和51年大法廷判決（衆）・民集30巻3号251⑹頁参照）という事情】が存在しない。

即ち、「選挙無効」判決の言渡しにより、社会的混乱は生じない。

平成29年衆院選（小選挙区）が違憲無効とされても、比例代表選出議員が存在するため、「**憲法の所期**するところに必ずしも適合しない結果を生じる」（強調　引用者）（昭和51年大法廷判決（衆）・民集30巻3号251⑹頁参照）という事情が存在しない（即ち、社会的混乱が生じない）ので、**昭和51年大法廷判決（衆）及び昭和60年大法廷判決（衆）の事情判決の判例に拘束されて**、平成29年衆院選（小選挙区）は、憲法98条1項により、「その効力を有しない」、即ち、選挙無効である、と解される。

(イ)　ここで、参院の定足数について、付言すると、
参院議員の定数は、2020年1月末日現在、248人。同248人は、148人の選挙区選出議員と100人の比例代表選出議員から成る（公選法4条2項）。
　参院の比例代表選出議員・100人は、参院の定足数・83人（÷248人÷3）を超える。
　したがって、本件選挙において、「選挙無効」判決の言渡しがあっても、参院の定足数が比例代表選出議員により満たされるので、社会的混乱は生

---

22)　最大判平29.9.27裁判所時報1685号1頁等参照。毎日新聞（デジタル）2017/10/23 21時46分

じない。

　イ　最高裁が平成29年衆院選（小選挙区）について「選挙無効」判決を
言渡した場合、同選挙は、「将来に向かって形成的に無効」となる（昭和51
年大法廷判決（衆））[23]。よって、（同選挙で当選した議員が、当該「選挙無
効」判決言渡し時以前に、国会で投票して成立した）各法律は、「選挙無
効」判決によっても、なお有効である。更に、同選挙で当選した議員であ
る内閣総理大臣の地位も、当該「選挙無効」判決により、**将来に向かっ
て形成的に無効**となるにすぎず、当該「選挙無効」判決言渡し時以前に
行われた内閣総理大臣の行政権の行使は、「選挙無効」判決によっても、
なお有効である。
　よって、「選挙無効」判決の言渡しにより、社会的混乱は生じない。

　ウ　「選挙無効」判決の言渡しにより、選挙が無効とされ、内閣総理大
臣が地位を失った場合、社会的混乱が生じないか否か、以下検討する。
　憲法70条及び71条は、何らかの事由により、内閣総理大臣が地位を失う
場合があり得ることを予め予定した規定である。憲法70条及び71条が存在
するので、内閣総理大臣が「選挙無効」判決によって、その地位を喪失し
ても、社会的混乱は生じない。

　エ(ア)　上記**ア〜ウ**（本書57〜59頁）で議論したとおり、同選挙が「選挙無
効」判決により無効とされた場合でも、社会的混乱は生じないので、同選

23）昭51年大法廷判決（衆）民集30巻3号251⑹⑼頁は、
　　「次に問題となるのは、現行法上選挙を将来に向かつて形成的に無効とする訴訟
　　として認められている公選法二〇四条の選挙の効力に関する訴訟において、判決
　　によつて当該選挙を無効とする（同法二〇五条一項）ことの可否である。この訴
　　訟による場合には、選挙無効の判決があつても、これによつては当該特定の選挙
　　が**将来に向かつて失効する**だけで、他の選挙の効力には影響がないから、前記の
　　ように選挙を当然に無効とする場合のような不都合な結果は、必ずしも生じな
　　い。」（強調　引用者）
　　と記述する。

挙を、「合憲」と判決すべきか、「選挙無効」と判決すべきかは、平成29年衆院選（小選挙区）の効力を、国民の利益を尊重するか、又は国会議員の既得の利益を尊重するかの比較衡量によって、決めればよいことになる。

即ち、選挙の違憲無効判決により侵害された【「主権」を有する国民の利益】が、【国民の「国会における代表者」にすぎない、「主権」を有しない国会議員の既得の利益（即ち、当該違憲状態の選挙で当選して国会議員の地位を得たという既得の利益）】に対して優越するので、「主権」を有する国民の当該利益を尊重して、同選挙は、同98条１項後段に従い、「その効力を有しない」（強調　引用者）と判決さるべきである。

けだし、①憲法１条の「主権の存する日本国民」、②同前文第１項第１文の「主権が国民に存する」、及び③同前文第１項第２文の「そもそも国政は、国民の厳粛な信託によるものであって、……その福利は国民がこれを享受する。」の各明文が示す、

　　　【「主権」を有する国民の利益が、「主権」を有しない国会議員（即ち、「主権」を有する国民の「国会における代表者」でしかない国会議員）の既存の選挙区割りの維持という国会議員の既得の利益（即ち、既得権益）に対して優越するとするという、徹頭徹尾の国民の利益優先の憲法規範】

が存在するからである（昭和58年大法廷判決（衆）の中村治朗判事の反対意見〈但し、利益の比較衡量を説く〉参照)[24]。

換言すれば、一方で、「国政は、国民の厳粛な信託によるものであって……その福利は国民がこれを享受する」という立場にある国民は、国政に

24）昭和58年大法廷判決（衆）の中村治朗最高裁判事の反対意見（民集37巻９号1273(31)～1287(45)頁）参照。
　　中村治朗最高裁判事の同反対意見は、【「事情判決の法理」によれば、「権利侵害」の回復により得る「利益」と「当該選挙の効力を維持すべき利益」を比較衡量して、前者の利益が後者の利益に優越する場合は、選挙無効とすることもあり得る】旨説く。

ついての委託者兼受益者であり、

　他方で、国会議員は、国政についての、単なる受託者でしかないからである。

　委託者兼受益者の利益と受託者の利益が対立する場合は、信託法の規範に従って、委託者兼受益者（即ち、ここの文脈では、「主権」を有する「国民」）の利益が、受託者（即ち、ここの文脈では、「主権」を有する「国民」の「国会における代表者」でしかない国会議員）の利益に優越する、と解される。

　(イ)　別の切り口から議論すれば、平成29年衆院選（小選挙区）を、投票価値の較差の縮小及び「平成24年改正法から平成29年改正法までの立法措置」の双方を総合的に考慮して、「違憲状態ではない」と判示する平成30年大法廷判決（衆）は、

　投票日以降、選挙が憲法の投票価値の平等の要求に合致する日の直前までの間、平成23年大法廷判決（衆）、平成25年大法廷判決（衆）及び平成27年大法廷判決（衆）の【投票価値の較差についての３段階の判断枠組み】の①段階の審査の判断基準によれば、違憲状態であったと判断される選挙で当選した、**国会活動を行う正統性を欠く**国会議員[25]が、国会の決議で、立法を行い、かつ内閣総理大臣を指名するという、憲法の「**所期**」（強調　引用者）しない、国家権力行使を容認するものである。

　これを国民の側から見れば、「主権」を有する国民が、（⬚1 違憲状態の選挙により当選した議員を含む国会の議決で成立した法律の法的拘束力の対象となり、かつ ⬚2 違憲状態の選挙により当選した議員を含む国会の決議で指名された「内閣総理大臣」の行政行為の対象となるという）、**筆舌に尽くし難い、受難**（即ち、不利益又は権利侵害）を強いられるものである。

　かかる【「主権」を有する国民側に一方的に押し付けられる、**筆舌に尽くし難い受難**】は、憲法前文第１項第２文（「そもそも**国政は国民の厳粛な信託**によるものであって、……その福利は**国民がこれを享受する**」）及び１条（「主権の存する日本国民」）の各明文が示す、【「主権の存する日本国民」の利益は、「主権」を有する国民の「国会における代表者」にすぎ

ない、「主権」を有しない国会議員）の既得の利益に優越するという、徹
頭徹尾の**国民の利益優先の憲法規範】**に100％反するものである（升永英
俊「最高裁平成30年12月19日大法廷判決についての二大論点」判例時報
2019年6月21日号 No.2403　130〜132頁参照）。

　最高裁は、比例代表選挙の存在する場合に、昭和51年大法廷判決（衆）
及び昭和60年大法廷判決（衆）の事情判決の判例に拘束されて、違憲状態
の選挙を憲法98条1項の明文に従って「違憲無効」と判決しないことに伴
う、「主権」を有する国民の蒙る受難（損害）を放置してはならない義務

25）平成26年大法廷判決（参）において、5最高裁判事（櫻井龍子、金築誠志、岡部
　喜代子、山浦善樹、山﨑敏充の5最高裁判事）は、同人らの補足意見（民集68巻9
　号1383(21)頁）の中で

> 「しかし、投票価値の不均衡の是正は、議会制民主主義の根幹に関わり、国権
> の最高機関としての国会の活動の正統性を支える基本的な条件に関わる極めて
> 重要な問題であって、違憲状態を解消して民意を適正に反映する選挙制度を構
> 築することは、国民全体のために優先して取り組むべき喫緊の課題というべき
> ものである。」（強調　引用者）

と記述するとおり、投票価値の不均衡の是正のされていない当該選挙（即ち、いわ
ゆる「違憲状態」の選挙）で選出された参院議員は、「**国会の活動の正統性**」（強調
引用者）を欠く旨明言している。
　更に、同平成26年大法廷判決（参）の大橋正春、鬼丸かおる、木内道祥の3最高
裁判事は「当該選挙は、違憲違法」の反対意見（大橋正春　民集68巻9号1389(27)
〜1396(34)頁；鬼丸かおる　同1396(34)〜1405(43)頁；木内道祥　同1405(43)〜1416(54)頁）
であり、山本庸幸最高裁判事は、「当該選挙は、違憲無効」の反対意見（同1416(54)
〜1422(60)頁）である。したがって、当該4最高裁判事も、当該「違憲状態」選挙で
選出された国会議員は、「国会の活動の正統性」を欠くと解していると解される。
　即ち、平成26年大法廷判決（参）の15最高裁判事のうち、上記の9最高裁判事
（櫻井龍子、金築誠志、岡部喜代子、山浦善樹、山﨑敏充、大橋正春、木内道祥、
鬼丸かおる、山本庸幸の9最高裁判事）が当該選挙で選出された国会議員は、「国
会の活動の正統性」を欠くと判断している、と解される。
　平成26年大法廷判決（参）の5最高裁判事（櫻井龍子、金築誠志、岡部喜代子、
山浦善樹、山﨑敏充）は、「違憲状態」の参院選（選挙区）で選出された国会議員
が、国会活動の正統性を欠く、と評価したが、同5最高裁判事は、「違憲状態」の
衆院選（小選挙区）で選出された国会議員も、同じ判断基準により、同じく国会活
動の正統性を欠くと判断するであろう、と推察される。

を負う（憲法76条3項、99条）。

よって、比例代表選挙が存在する場合は、違憲状態の衆院選（小選挙区）は、昭和51年大法廷判決（衆）及び昭和60年大法廷判決（衆）の事情判決の判例に拘束されて、憲法98条1項の明文により「その効力を有しない。」

2 参院選（選挙区）の違憲無効判決は、社会的混乱を生まない：(本書63頁)

参院選（選挙区）（本件選挙を含む）においても、参院選（選挙区）と参院選（比例代表）が同時に施行されるので、衆院選（小選挙区）についての上記1（本書55〜63頁）記載の「**衆院選（小選挙区）の違憲無効判決は、社会的混乱を生まない**」の議論と同様の議論が成り立つ。

Ⅷ 人口比例選挙による選挙区割りは、技術的に可能な限度で行えば足りる：(本書63〜68頁)

1 平成23年大法廷判決（衆）は、

「他方、同条2項においては、前記のとおり1人別枠方式が採用されており、この方式については、前記2(3)のとおり、相対的に人口の少ない県に定数を多めに配分し、人口の少ない県に居住する国民の意思をも十分に国政に反映させることが出来るようにすることを目的とする旨の説明がされている。しかし、この選挙制度によって選出される議員は、いずれの選挙区から選出されたかを問わず、全国民を代表して国政に関与することが要請されているのであり、相対的に人口の少ない地域に対する配慮は、そのような活動の中で全国的な視野から法律の制定等に当たって考慮さるべき事情であって、**地域性に係る問題のために、殊更にある地域（都道府県）の選挙人と他の地域（都道府県）の選挙人の地位との間に投票価値の不平等を生じさせるだけの合理性があるとはいい難い。**」（強調　引用者）

と判示する（民集65巻2号779（115）頁）。

即ち、同判示の中の

「地域性に係る問題のために、殊更にある地域（都道府県）の選挙人と他の地域（都道府県）の選挙人の地位との間に投票価値の不平等を生じさせるだけの合理性があるとはいい難い。」が、同判示の**核心**であり、**判例**である。

同判例は、平成25年大法廷判決（衆）、平成27年大法廷判決（衆）、平成30年大法廷判決（衆）のいずれによっても、判例変更されていないので、現時点でも、なお有効な判例である。

2　憲法56条2項、憲法1条、憲法前文第1項第1文冒頭は、【選挙が人口比例選挙（即ち、1人1票選挙）であること】を要求する（統治論）。

とはいえ、憲法56条2項、憲法1条、憲法前文第1項第1文冒頭の要求する人口比例選挙は、実務を踏まえたうえでの技術的観点からみて、合理的に実施可能な限りでの人口比例選挙であれば足りる、と解される。

平成23（2011）年4月15日に開催された第2回選挙制度の改革に関する検討会において、西岡武夫参議院議長（当時）は、参議院選挙制度につき、投票価値の最大較差・1：1.066倍（但し、概数）の比例9ブロック制の西岡試案を参院の各会派に交付した[26]。

筆者ら弁護士グループも、衆院選挙（小選挙区）について、投票価値の最大較差・1：1.011倍（但し、概数）の選挙区割り試案（平22（2010）/8/25付。臼井悠人東大法科大学院生〈当時〉作成）を該当選挙無効訴訟のために証拠提出し、

更に、参院選挙（選挙区）についても、投票価値の最大較差・1：

26）西岡武夫参議院議長（当時）は、2011年4月15日に開催された第2回「選挙制度の改革に関する検討会」において、比例9ブロック制の参院選挙制度改革議長議案を各会派に提出した（参議院：http://www.sangiin.go.jp/japanese/ugoki/h23/110415-2.html http://www.sangiin.go.jp/japanese/kaigijoho/kentoukai/pdf/110415.pdf）。

西岡議長試案では、ブロック間の投票価値の最大較差が、**1.066倍**に圧縮されている。

1.00008倍（但し、概数）の選挙区割り試案（同年同月同日付同氏作成の書面）を該当選挙無効訴訟のために証拠提出している（但し、爾後の各選挙無効訴訟においても、同様に同書面を証拠提出している。）[27]。

　一旦人口に比例する区割りが実施されれば、爾後、5年毎の簡易国勢調査及び10年毎の正規国勢調査の実施により得られた人口に比例して、選挙区割りが見直されていれば、当該5年毎の選挙区割りの見直しの実施は、特別な事情のない限り、人口比例選挙の1票の投票価値からの乖離の合理性を裏付ける、有力な証拠となり得る、と解される。

　3(1)　1964年、米国連邦最高裁（Reynolds v. Sims 377 U.S. 533 1964）[28] は、【米国連邦憲法は、アラバマ State の下院議員選挙（但し、15.6倍〈小数点2桁以下　四捨五入〉の投票価値の最大較差有り。）につき、人口比例選挙を要求している】旨判決した。

　(2)ア　米国連邦下院議員選挙につき、フロリダ State（但し、State は、日本では通常、州と和訳されているが、その正確な和訳は、米国連邦（United States of America）を構成している50個の国の1個の国の意味である）、ペンシルバニア State、及びニューメキシコ State のいずれにおい

27）原告ら（選挙人ら）は、衆院選（小選挙区）及び参院選（選挙区）につき、臼井悠人東大法科大学院生（当時）作成の【現行公職選挙法が採用する地域枠組みを基礎として現行公職選挙法上許されていると考えられる方法を用いた仮想選挙区割り】を平成25、同26、同27、同29、同30年の各最高裁大法廷判決の各原審等（全高裁・高裁支部）に証拠提出している。

　当該仮想選挙区割りでは、①衆議院の各小選挙区間の投票価値の最大較差は、1：1.011倍（小数点4桁以下四捨五入）にまで圧縮され（但し、都道府県の県境を跨ぐ）（一人一票実現国民会議のホームページ「（仮想選挙区案）」URL：https://www2.ippyo.org/pdf/kaso/syugiin_kaso.pdf）、又②参院選（選挙区）の各選挙区間の投票価値の最大較差は、1：1.00008倍（小数点6桁以下四捨五入）にまで、圧縮される（但し、10ブロック選挙区かつ都道府県の県境を跨ぐ）（同 URL：https://www2.ippyo.org/pdf/kaso/sangiin_kaso.pdf）。

28）1964年6月15日米国連邦最高裁判決（Reynolds v. Sims 377 U.S. 533）

　同事案は、アラバマ State の下院議員選（小選挙区）において、全106小選挙区のうち、最小人口の小選挙区と最大人口の小選挙区間の人口較差が98,036人（＝6,731人－104,767人）又は15.6倍（≒104,767人÷6,731人）であった。

ても、議員1人当りの最大人口較差は、下記(ア)～(ウ)（本書66頁）のとおり、1人又は0人である。

即ち、これらの States での同選挙は、人口比例選挙（1人1票選挙）である。

(ア) フロリダ State は、全27個の小選挙区（即ち、各小選挙区から議員1人を選出する）からなり、22個の小選挙区の人口は、全て696,345人であり（即ち、人口較差は、0人）、残余の5個の小選挙区の人口は、全て、各696,344人である。即ち、その全27個の小選挙区の間の最大人口較差は、僅か1人（1人＝696,345人－696,344人）である[29]。

(イ) ペンシルバニア State は、全19小選挙区からなり、そのうち、議員1人当り人口の最小の小選挙区の人口は、646,371人；同最大の小選挙区は、646,372人であり、その最大人口較差は、1人（1人＝646,372人－646,371人）である[30]。

(ウ) ニューメキシコ State は、全3小選挙区からなり、全3小選挙区の夫々の人口は、全て686,393人であり、最大人口較差は、0人である[31]。

---

29) フロリダ State 米国連邦下院議員選挙区割プラン（2014.8.7）
　　https://www.flsenate.gov/PublishedContent/Session/Redistricting/Plans/h000c
　　9057/h000c9057_pop_sum.pdf
30) 米国ペンシルベニア State 中部地区連邦地裁（Vieth v. ペンシルベニア State
　　195 F. Supp. 2d 672（M.D. Pa. 2002））は、2002年4月8日、「Act 1（法律1号）は
　　一人一票の法理を侵害し、一人一票の実現を妨げた」と述べ、更に、ペンシルベニ
　　ア State 議会に対し、Act 1（法律1号）の憲法違反を解消するための改正法案（a
　　plan）を提出するために、3週間を付与した。新しく立法された Act 34（法律34
　　号）では、選挙区間の最大人口較差は、1人である。
31) Egolf v. Duran, No. D-101-cv-201102942　ニューメキシコ State 地方裁判所は、
　　2012年1月9日、2010年国勢調査に基づく連邦下院議員選挙区の区割りにつき、ニ
　　ューメキシコ State の全3小選挙区の選挙区割りにおいて、小選挙区間の人口差が
　　ゼロである案を支持した。

イ　なお、佐藤令（政治議会課）「諸外国における選挙区割りの
　　見直し」国会図書館　調査と情報　第782号（2013.4.4）5頁は、米
　　国連邦下院議員選挙について、「州内の選挙区間では、可能な限り
　　人口は同数でなければならない」

と記述する^{（前掲脚注5）〈本書7頁〉参照）}。

　(3)　日本国は、連邦制（Federal）ではなく、単一の国（State）である。
　下記①～③記載のState（国）の属性と都道府県の属性が異なることが
示すとおり、日本国の都道府県は、State（国）ではなく、State（国）の
中の行政区画の一つでしかない。
　　①　米国の各Stateは、立法権を有し、憲法等の諸法を立法してい
　　る。
　　　他方で、都道府県は、本格的立法権を有していない。
　　②　米国の各Stateは、本格的な課税権を有している。
　　　他方で、都道府県では、本格的な課税権を有していない。
　　③　米国の各Stateには、State最高裁判所、State高等裁判所、
　　State地方裁判所がある。
　　　他方で、都道府県は、都道府県独自の裁判所を持っていない。

　したがって、日本国の国政選挙の選挙区割りに対応する米国の選挙区割
りは、米国連邦下院議員選挙についての各Stateでの選挙区割りである。

　4　本件選挙では、本件選挙当日の各選挙区間の議員1人当り有権者数
の較差（最大）は、1対3.00倍であった。即ち、本件選挙は、人口比例選
挙（1人1票選挙）ではない。

　憲法56条2項、憲法1条、憲法前文第1項第1文冒頭は、人口比例選挙
を要求しているところ（上記Ⅰ1～2〈1～6頁〉参照）、米国の各Stateで、
人口比例の連邦下院議員選挙が実施されている事実に照らして、日本でも、

人口比例選挙の実施は、技術的にみて、実務上合理的に可能である、と解される。

5(1) 米国の連邦上院議員選挙では、投票価値の最大較差は66倍（小数点以下四捨五入　2010年米国国勢調査）であるから[32]、日本の参院選では、投票価値の最大較差は、ある程度許容され得るという議論がある。

しかしながら、この議論は、米国連邦憲法第1章第3条(1)項[33]が、各Stateは、2名の米国連邦上院議員を選出する旨定めていることを見落とすものであり、的外れの議論である。各Stateは、米国連邦に参加する時点で、各Stateが上院議員・2名を選出することを合意して、米国連邦に参加しているのである。そもそも、各Stateが2名の上院議員を選出することが米国連邦建国の前提である。

(2) 都道府県は、江戸時代の藩を源流とするものであり、国政選挙の選挙区割りを実施するに当たり、都道府県間の現在の境界は、尊重されなければならない、という議論がある。

しかしながら、この議論は、『大成武鑑』（1792〈寛政4〉年）によれば、全藩数は、当時256藩（親藩12藩；譜代大名144藩；外様大名100藩）であり（日本大百科全書、小学館）、明治4（1871）年に、廃藩置県の詔勅が下され、統廃合されて、47都道府県になった、という各藩の歴史から乖離した議論である。

32）カリフォルニア Stateの人口：37,253,956人（2010年米国国勢調査）
　　ワイオミング Stateの人口：563,626人（同上）
　　米国連邦上院選挙の両 State間の上院議員1人当たりの最大人口較差　66.1倍
　　　（＝37,253,956人÷563,6261人）。

33）米国連邦憲法第1章第3条
　　［第1項］合衆国上院は、各州から2名ずつ選出される上院議員でこれを組織する。上院議員は、【各州の立法部によって】［修正第17条により改正］、6年を任期として選出されるものとする。上院議員は、それぞれ1票の投票権を有する。

　　Article 1 Section 3 paragraph 1: The Senate of the United States shall be composed of two Senators from each State, chosen by the Legislature thereof, for six Years; and each Senator shall have one Vote.

Ⅸ 【一票の投票価値の平等（1人1票等価値）からの乖離が、合理的であること】の立証責任は、国にある：(本書69〜72頁)

1　米国連邦最高裁判決（Karcher v. Daggett 462 U.S. 725 1983）[34]は、米国連邦下院議員選挙のニュージャージー State での選挙区割りにつき、

【①投票価値の平等は、絶対ではない。

②選挙区割りが、投票価値の平等（＝人口比例選挙）から乖離している場合は、選挙管理委員会が、「その乖離が合理的であること」の立証責任を負う】旨

明言し、同選挙管理委員会が、同立証責任を果たしていないとして、原告ら（選挙人ら）勝訴の判決を言渡した。

　この米国連邦最高裁判決（Karcher v. Daggett 462 U.S. 725 1983）において、原告（選挙人）勝訴を決したのは、立証責任の問題であった。

　他方で、昭和51年大法廷判決（衆）、及び爾後の各最高裁大法廷判決は、

【①憲法は、投票価値の平等を要求しているが、それは、絶対ではない。

②投票価値の平等は、国会の立法裁量権の合理的な行使によって調

34）Karcher v. Daggett, 462 U.S. 725（1983）米国連邦最高裁は、1983年6月22日、米国連邦下院議員選挙に関し、1票対0.9930票の選挙権価値の不平等（ニュージャージー State の第4区の人口：527,472人〈最大〉；同 State の第6区の人口：523,798人〈最小〉。両選挙区の人口差：3,674人（＝527,472人 − 523,798人）。）を定めるニュージャージー State 選挙法を違憲とした。米国連邦最高裁は、区割り法を争う選挙人は、まず最初に、該当の選挙区間の人口較差が、均一な人口の選挙区にしようとする誠実な努力によって、減少若しくは排除可能であったことの立証責任を負い、「選挙人」がこの立証責任を果たせば、次に、State が、選挙区間の有意の人口較差は、適法な目標を達成するために必要であったことの立証責任を負う旨判示した。

整され得る】旨

判示するに留まり、【選挙管理委員会が、［立法裁量権の行使に合理性があること］の立証責任を負うのか、否か】の問題について、沈黙している。

　2(1)　下記の3高裁は、下記【一覧表1】の中の(1)〜(3)（本書70頁）に示すとおり、当該選挙区割規定の投票価値の平等からの乖離につき、国が立証責任を負うことを認め、「違憲違法」判決又は「違憲状態」判決を言渡した（但し、いずれも、筆者らの弁護士グループの提訴に係る）。

【一覧表1】

高裁判決	判決の内容	国の負担する主張立証責任の内容
(1)平成25.3.18福岡高判（衆）（西謙二裁判長）[35]	「違憲状態」判決（但し、「人口比例選挙」判決）	【投票価値の不平等という結果が生じている本件選挙区割規定の合理性】の主張立証責任
(2)平成25.3.6東京高判（衆）（難波孝一裁判長）[36]	「違憲違法」判決（但し、「人口比例選挙」判決）	【投票価値の不平等が生じている本件選挙区割規定が、国会の合理的な考量の結果であること】の主張立証責任
(3)平成25.3.26大阪高判（衆）（小松一雄裁判長）[37]	「違憲違法」判決	【本件選挙区割規定の合憲性】の主張立証責任

　(2)　更に、下記（本書71頁）の3高裁は、下記【一覧表2】の中の(1)〜(3)（本書71頁）に示すとおり、いずれも当該選挙区割規定の是正のための合理的期間が未徒過であることの主張立証責任を国が負うことを認め、「違憲無効」判決又は「違憲違法」判決を言渡した（但し、下記【一覧表2】の中の(2)、(3)（本書71頁）の各高裁判決は、いずれも筆者ら弁護士グループの提訴に係る。下記【一覧表2】の中の(1)（本書71頁）の平成25.3.25広島高判は、山口邦明弁護士グループに属する金尾哲也弁護士らの提訴に係る）。

【一覧表2】

高裁判決	判決の内容	国の負担する主張立証責任の内容
(1)平成25.3.25広島高判（衆）（筏津順子裁判長)[38]	「違憲無効」判決（但し、人口比例選挙判決）	【当該選挙区割規定の是正のための合理的期間が未徒過であること】の主張責任
(2)平成25.3.26福岡高判那覇支部（衆）（今泉秀和裁判長)[39]	「違憲違法」判決	【当該選挙区割規定の是正のための合理的期間が未徒過であること】の主張立証責任
(3)平成25.12.18大阪高判（参）（山田知司裁判長)[40]	「違憲違法」判決	【当該選挙区割規定の是正のための合理的期間が未徒過であること】の主張立証責任

3　裁判所は、選挙無効請求訴訟の裁判において、①投票価値の平等からの乖離の合理性の存在の問題及び②是正のための合理的期間の未徒過の問題の2つにつき、立証責任がいずれの当事者（即ち、選挙人又は選挙管理委員会）にあるのか、判断するよう求められる。

けだし、選挙無効請求訴訟が裁判である以上、各当事者間に争のある場

---

35)（「違憲状態」）平成25年3月18日／福岡高判（衆）／平成24年（行ケ）3号（西謙二裁判長）D1-Law.com 判例 ID28220627。

　福岡高判平成25.3.18（西謙二裁判長）は、
　　「そして，上記のとおり，選挙制度の仕組みのうち定数配分及び選挙区割りを決定するについて，議員1人当たりの選挙人数又は人口ができる限り平等に保たれることを最も重要かつ基本的な基準とすることが憲法上の要請であることからすれば，選挙制度の具体的な仕組みにおいて投票価値の不平等の結果が生じている場合には，被告において，上記仕組みの決定において考慮された政策目的ないしは理由が投票価値の不平等という結果をもたらしていることに対して合理性を有することを基礎付ける事実を主張立証しなければならないものというべきである。」（強調　引用者）
　と記述する。
　　即ち、同判決は、【投票価値の不平等という結果が生じている本件選挙区割規定の合理性】の主張・立証責任は、国が負担する、と解している。

合は、裁判所は、【上記①、②（本書71頁）記載の２つの問題の主張立証責任が、いずれの当事者に帰属するか、という論点】の判断を避けないよう求められるからである。

X　2022年以降の衆院選で、平成28年改正法（アダムズ方式採用）により、人口の48％が、衆院の議員の過半数を選出する：（本書72〜76頁）

　1　平成23年大法廷判決（衆）、同24年大法廷判決（参）、同25年大法廷

---

36)（「違憲違法」）平成25年３月６日／東京高判（衆）／平成24年（行ケ）21号　（難波孝一裁判長）D1-Law.com 判例 ID28210796 判例時報2184号３頁 判例タイムズ1389号80頁。

　東京高判平成25.3.6（難波孝一裁判長）は、
　　「もっとも、この裁量権の行使は、国会がこれを付与された趣旨に照らして合理的なものでなければならない。投票価値の平等は憲法の要求するところであるから、常にその絶対的な形における実現を必要とするものではないとしても、単に国会の裁量権の行使の際における考慮事項の一つであるにとどまるものではない。したがって、国会が決定する具体的な選挙制度において現実に投票価値の不平等の結果が生じる場合には、国会が正当に考慮することのできる重要な政策的目的ないしは理由に基づく結果として合理的に是認することができるものでなければならず、かかる合理性を基礎付ける事実は、被告において主張立証しなければならないと解するのが相当である。」（強調　引用者）
　　と記述する。
　　即ち、同判決は、【投票価値の不平等が生じている本件選挙区割規定が国会の合理的な考量の結果であること】の主張立証責任は、国が負担する、と解している。
37) 平成25年３月26日大阪高判（衆）／平成24年（行ケ１号等）／（小松一雄裁判長）
　D1-Law.com 判例 ID28262505。

　大阪高判平成25.3.26（小松一雄裁判長）は、
　　「本件選挙時における本件選挙区割規定の合憲性について検討するに、被告らは、この点について何らの主張立証をしない。」（強調　引用者）
　　と記述する。
　　即ち、同判決は、【本件選挙区割規定の合憲性】の主張立証責任は、国が負担する、と解している。

判決（衆）、同26年大法廷判決（参）、同27年大法廷判決（衆）の５個の最高裁大法廷「違憲状態」判決が集積された結果、ようやく、平成28（2016）年改正法（平成28年法律第49号）が成立した。

　同法は、衆院小選挙区の議員定数を人口に比例して都道府県に配分する方式（アダムズ方式）を定める。

　2　平成28（2016）年改正法（アダムズ方式採用）により、2022年以降の衆院選から、全人口（125,342,377人。但し、総務省発表平成27年人口による）の48.3%（小数点２桁以下四捨五入　以下、同じ）（60,536,720人）が、全衆院議

38）（「違憲無効」）平成25年３月25日／広島高判（衆）／平成24年（行ケ）４号　（筏津順子裁判長）D1-Law.com 判例 ID28211041　判例時報2185号36頁。

　　広島高判平成25.3.25（筏津順子裁判長）は、
　　「当裁判所は、平成25年２月６日の期日外釈明６項をもって、被告に対し、上記事情（当裁判所が、「憲法上要求される合理的期間内に本件選挙区割規定の是正がされず、かえって、平成23年判決以降、憲法の投票価値の平等の要求に反する状態が悪化の一途をたどっていると評価」している事情。選挙人ら注）に関する事実関係とその評価をただしたけれども、被告は、昭和51年判決及び昭和60年判決を引用するにとどまり、具体的な事実関係等の主張をしていない。）を総合勘案しても、上記の一般的な法の基本原則を適用し、事情判決をするのは相当ではない。」（強調　引用者）
　　と記述する。
　　即ち、同判決は、【本件選挙区割規定の是正のための合理的期間が未徒過であること】の主張責任は、国が負担する、と解している。
39）（「違憲違法」）平成25年３月26日／福岡高判那覇支部（衆）／平成24年（行ケ）１号（今泉秀和裁判長）D1-Law.com 判例 ID28220585。

　　福岡高判那覇支部平成25.3.26（今泉秀和裁判長）は、
　　「上記合理的期間の始期は，平成23年大法廷判決の言渡し時とするのが相当であり，上記判決言渡し後に，１人別枠方式の廃止及びこれを前提とする本件区割規定の是正が合理的期間内にされなかったといえるかどうかが問題になるが，事柄の性質上合理的期間が経過していないことについては，その根拠となる事実関係について被告側で主張立証すべきものというべきである。」（強調　引用者）
　　と記述する。
　　即ち、同判決は、【本件選挙区割規定の是正のための合理的期間が未徒過であること】の主張立証責任は、国が負担する、と解している。

員（465人）の過半数（234人。50.3%〈小数点2桁以下四捨五入　以下、同じ〉）を選出する（下記5記載の一覧表〈本書75頁〉参照）。

3　上記Ⅰ2、**論点5**（本書3〜5頁）で述べたとおり、**多数決**（即ち、**50%超**の賛成投票又は反対投票で議事を可決又は否決するルール）が、統治論の議論の**肝**である（上記Ⅰ2〈本書2〜6頁〉参照）。

即ち、**50%超**が、国政の議事の可決・否決を決する決定的値である（憲法56条2項参照）。

ところで、人口比例選挙（一人一票選挙）では、人口の50%が衆院議員の50%を選出する。

したがって、【平成28年改正法（アダムズ方式採用）により、2022年以降の衆院選から人口の48.3%が、全衆院議員の過半数（50.3%）を選出するということ】は、全衆院議員の過半数（50%超）を選出するために必要

---

40)（「違憲違法」）平成25年12月18日／大阪高判（衆）／平成25年（行ケ）5号（山田知司裁判長）裁判所ウェブサイト掲載判例 D1-Law.com 判例体系 判例 ID28220196。

大阪高判平成25.12.18（参）（山田知司裁判長）は、
「しかし、上記(4)ウのとおり、国会の専門委員会においては、次回の通常選挙までに法改正を行うことを前提とした大まかな工程表を作成して、これに向けた検討作業を行っていた経緯があり、現にある程度具体的な案も示されていたのであるから、このような工程に基づいて、本件選挙時までに、抜本的な見直しをすることは困難であったとしても、より選挙区間の投票価値の較差を少なくする内容の法改正を行うことは可能であったように思われる。<u>こうした工程表や検討作業にもかかわらず早期の結論を得ることが困難であるというなら、その具体的な理由と作業の現状を絶えず国民に対して明確に説明すべきであって、それが行われていた場合にはともかく、そのような主張立証のない本件においては、前記実効性のある是正ができなかったことを正当化する理由があると認めることはできない。</u>」（強調　引用者）
と記述する。
即ち、同判決は、【本件選挙区割規定の是正のための合理的期間が未徒過であること】の主張立証責任は、国が負担する、と解している。

な人口が、残余2.0%（＝50.3%－48.3%）不足にまで肉薄していることを意味する。

　他方で、2009（平成21）年の時点では、全人口の46.4%（小数点2桁以下四捨五入、以下同様）が、衆議院の過半数（50%超）を選出した（下記5〈本書75頁〉記載の一覧表参照）。

　とはいえ、2022年以降の衆院選で、人口の48.3%が、全衆院議員の過半数（50.3%　234人）を選出しても、【法律の成否や内閣総理大臣の指名のための衆院の決議において、実質的に、主権を有する国民（主権者）の多数決が保障されないこと】に、変わりはない（即ち、憲法56条2項、憲法1条、憲法前文第1項第1文冒頭の【人口比例選挙の要求】に違反する〈上記Ⅰ〈本書1～11頁〉参照〉）。

　4　参院選について言えば、2010（平成22）年の時点で、全人口の39.6%が全参院議員の過半数（50%超）を選出したところ、2017（平成29）年の時点で、全人口の45.1%が全参院議員の過半数（50%超）を選出した（下記5〈本書75頁〉記載の一覧表参照）。

　5　下記の一覧表は、「議員の過半数（50%超）を選出するために必要な全人口又は全有権者数の%」を示す。

【議員の過半数(50%超)を選出するために必要な全人口又は全有権者数の%】

	2009（平21）	2010（平22）	2017（平29）	2022年以降（アダムズ方式）
衆院（小選挙区＋比例）	46.4%（資料③*）		47.0%（資料②*）	**48.3%**（資料①*）
衆院（小選挙区）	43.9%（資料③*）		44.8%（資料②*）	46.9%（資料①*）
参院（選挙区＋比例）		39.6%（資料④*）	**45.1%**（資料⑤*）	
参院（選挙区）		33.0%（資料④*）	40.8%（資料⑤*）	

（小数点2桁以下四捨五入）

* 　上記資料①〜⑤については、升永ブログ（URL：https://blg.hmasunaga.com/2019/03/20/post-24140/）参照。

［計算方法］
1 ）資料①の場合：衆院の全議員（465人〈＝小選挙区・289人＋比例・176人〉）の過半数（234人・50.3%）を選出するために必要な全人口又は全有権者数の百分率（%）を、下記(ⅰ)〜(ⅳ)の計算方法により得た。

　　(ⅰ)　各都道府県につき、衆院議員（小選挙区）1 人当り人口の最小の県である鳥取県の人口をスタートとして、順次議員 1 人当り人口が増える方向に各都道府県の人口を積み上げ、当該各都道府県から選出の議員定数の累積値が149人に至る場合の、「累積人口」（60,536,720人）を求める。

　　(ⅱ)　比例の累積議員（85人）＝176人×「累積人口」（60,536,720人）〉÷全人口（125,342,377人）

　　(ⅲ)　累積人口（60,536,720人）の場合：
　　　　234人（＝149人〈小選挙区〉＋85人〈比例〉）。
　　　　234人＞過半数〈233人〉（＝〈289人（小選挙区）＋176人（選挙区）〉÷2＋0.5人）
　　　　…………………………………………………………………………………………○
　　　　なお、累積人口（60,081,946）の場合：
　　　　累積小選挙区議員数（148人）＋比例議員（84.4人）
　　　　＝232.4人＜〈過半数（233人）〉……………………………………………………×

　　(ⅳ)　60,536,720人÷125,342,377人＝0.4829
2 ）参院議員（選挙区＋比例）についても、上記 1 ）(ⅰ)〜(ⅳ)と同様の計算方法を用いて、上記表の各値を得た。

　　6　上記 3 （本書74〜75頁）で述べたとおり、人口比例選挙とは、全人口の50% が衆参両院の全国会議員の50% を選出する選挙である。

　　司法の力により、上記 5 （本書75〜76頁）記載の一覧表のとおり、2022年以降の衆院選においては、全人口の48.3% が全衆院議員の過半数（50.3%）を選出することになり、残余の人口の 2 ％（2 ％＝50.3% －48.3%）差まで、人口比例選挙に肉薄してきた。

　　参院選でも、司法の力により、2017（平成29）年の参院選で、全人口の45.1% が全参院議員の過半数を選出するまでになってきた。

　　ここまで来た司法の力の実績に照らし、司法の力により、

　　日本は、全国民の**多数（50%超）**が、主権の行使として、正当に選挙された（即ち、人口比例選挙により選挙された）国会議員を通じて、立法し、かつ行政府の長を指名する民主主義国家になる、と推察される。

XI 判例変更の2必須要件（①判例変更の旨の明示と②判例変更の理由の明示）：(本書77~82頁)

1 最大判昭48.4.25（全農林警職法事件）（刑集27巻4号547頁）は、

「しかしながら、<u>国公法98条5項、110条1項17号の解釈に関して、公務員の争議行為等禁止の措置が違憲ではなく、また、争議行為をあおる等の行為に高度の反社会性があるとして罰則を設けることの合理性を肯認できることは前述のとおりであるから</u>、公務員の行なう争議行為のうち、同法によって違法とされるものとそうでないものとの区別を認め、さらに違法とされる争議行為にも違法性の強いものと弱いものとの区別を立て、あおり行為等の罪として刑事制裁を科されるのはそのうち違法性の強い争議行為に対するものに限るとし、あるいはまた、あおり行為等につき、争議行為の企画、共謀、説得、慫慂、指令等を争議行為にいわゆる通常随伴するものとして、国公法上不処罰とされる争議行為自体と同一視し、かかるあおり等の行為自体の違法性の強弱または社会的許容性の有無を論ずることは、いずれも、とうてい是認することができない。」（強調 引用者）

「いずれにしても、**このように不明確な限定解釈**は、かえって犯罪構成要件の保障的機能を失わせることとなり、その明確性を要請する憲法31条に違反する疑いすら存するものといわなければならない。」（強調 引用者）

「いわゆる<u>全司法仙台事件についての当裁判所の判決（昭和41年（あ）第1129号同44年4月2日大法廷判決・刑集23巻5号685頁）</u>は、本判決において判示したところに抵触する限度で、**変更を免れない**ものである。」（強調 引用者）

と、判例変更の旨の文言及び判例変更の理由を夫々明記して、最大判昭44.4.2（全司法仙台事件）（刑集23巻5号685頁）の判例を変更した。

2(1) これに対し、5最高裁判事（田中二郎、大隅健一郎、関根小郷、

小川信雄、坂本吉勝の5最高裁判事）は、

　「憲法の解釈は、憲法によって司法裁判所に与えられた重大な権限であり、その行使にはきわめて慎重であるべく、事案の処理上必要やむをえない場合に、しかも、必要の範囲にかぎってその判断を示すという建前を堅持しなければならないことは、改めていうまでもないところである。ことに、最高裁判所が最終審としてさきに示した憲法解釈と異なる見解をとり、右の先例を変更して新しい解釈を示すにあたっては、その必要性および相当性について特段の吟味、検討と配慮が施されなければならない。けだし、憲法解釈の変更は、実質的には憲法自体の改正にも匹敵するものであるばかりでなく、最高裁判所の示す憲法解釈は、その性質上、その理由づけ自体がもつ説得力を通じて他の国家機関や国民一般の支持と承認を獲得することにより、はじめて権威ある判断としての拘束力と実効性をもちうるものであり、このような権威を保持し、憲法秩序の安定をはかるためには、憲法判例の変更は軽々にこれを行なうべきものではなく、その時機および方法について慎重を期し、その内容において真に説得力ある理由と根拠とを示す用意を必要とするからである。もとより、法の解釈は、解釈者によつて見解がわかれうる性質のものであり、憲法解釈においてはとくにしかりであって、このような場合、終極的決定は多数者の見解によることとならざるをえない。しかし、いったん公権的解釈として示されたものの変更については、最高裁判所のあり方としては、その前に変更の要否ないしは適否について特段の吟味、検討を施すべきものであり、ことに、僅少差の多数によってこのような変更を行なうことは、運用上極力避けるべきである。

（略）

　ところで、いわゆる全司法仙台事件の当裁判所大法廷判決中の、憲法28条が労働基本権を保障していることにかんがみ公務員の争議行為とこれをあおる等の行為のうち正当なものは刑事制裁の対象とならないものである、という基本的見解は、いわゆる全逓中郵事件

の当裁判所判決およびいわゆる**東京都教組事件の当裁判所判決**（昭和41年（あ）第401号同44年4月2日大法廷判決・刑集23巻5号305頁）の線にそい、**十分な審議を尽くし熟慮を重ねたうえでされたものであることは、右判決を通読すれば明らかなところであり、その見解は、その後その大綱において下級裁判所も従うところとなり、一般国民の間にも漸次定着しつつあるものと認められるのである。**ところが、本件において、多数意見は、さきに指摘したように、事案の処理自体の関係では**右見解**の当否に触れるべきでなく、かつ、その必要もないにもかかわらず、**あえてこれを変更しているのである。**しかも、多数意見の理由については、さきの大法廷判決における少数意見の理論に格別つけ加えるもののないことは前記のとおりであり、また、右判決の見解を変更する真にやむをえないゆえんに至っては、なんら合理的な説明が示されておらず、また、客観的にもこれを発見するに苦しまざるをえないのである。以上の経過に加えて、本件のように、僅少差の多数によってさきの憲法解釈を変更することは、最高裁判所の憲法判断の安定に疑念を抱かせ、ひいてはその権威と指導性を低からしめる慮れがあるという批判を受けるに至ることも考慮しなければならないのである。

　以上、ことは、憲法の解釈、判断の変更について最高裁判所のとるべき態度ないしあり方の根本問題に触れるものであるから、とくに指摘せざるをえない。」（強調　引用者）

との意見を判決文中に記述する。

⑵　色川幸太郎最高裁判事（反対意見）は、判例変更の問題については、同5最高裁判事の意見に賛成であるとし、

　「第三　**判例変更の問題について**

　最後に、一言付加したいことがある。多数意見は、全司法仙台事件についての当裁判所の判例は変更すべきものであるとしたのであるが、法律上の見解の当否はしばらく措き、何よりもまず、憲法判

例の変更についての基本的な姿勢において、私は、多数意見に、甚だあきたらざるものあるを感ずるのである。この点に関しては、**本判決に、裁判官田中二郎、同大隅健一郎、同関根小郷、同小川信雄、同坂本吉勝の劃切な意見が付せられており、その所説には私もことごとく賛成である**ので、その意見に同調し、私自身の見解の表明に代えることにする。」（強調　引用者）

と記述する。

3　同5最高裁判事は、

　「**憲法解釈の変更は、実質的には憲法自体の改正にも匹敵するも**のであるばかりでなく、最高裁判所の示す憲法解釈は、その性質上、その理由づけ自体がもつ説得力を通じて他の国家機関や国民一般の支持と承認を獲得することにより、はじめて権威ある判断としての拘束力と実効性をもちうるものであり、**このような権威を保持し、憲法秩序の安定をはかるためには**、憲法判例の変更は軽々にこれを行なうべきものではなく、その時機および方法について慎重を期し、その内容において**真に説得力ある理由と根拠とを示す用意を必要とするからである。**」（強調　引用者）

と明言する（色川幸太郎最高裁判事の反対意見も同旨）。

4　（上記1～3の小括）

(1)　**最大判48.4.25**が示すとおり、判例変更をする場合、【①『判例変更した』旨の文言及び②従前の判例がどの点で誤っており、新判例がどの点で正しいのか、判例変更の理由が、最高裁の判決文中に記載されること】が要求される。

(2)　平成29年大法廷判決（参）の採用した投票価値の較差についての判断基準（即ち、②段階の審査で考慮さるべき較差是正に関する要素を①段

階の審査で**先取りして**、**併せ考慮し**、【選挙は、違憲状態に該当せず、合憲である】とする判断基準）は、平成24年大法廷判決（参）及び平成26年大法廷判決（参）の投票価値の較差に関する２段階の判断枠組みの①段階及び②段階の各審査の判断基準の判例に反すると解されるので（上記Ｖ３(3)〈本書43〜45頁〉参照）、

　　平成29年大法廷判決（参）は、

　　　　　【①平成29年大法廷判決（参）が、平成24年大法廷判決（参）及び平成26年大法廷判決（参）の①段階及び②段階の各審査での判断基準の判例を変更した旨を判決文中に明記し、かつ②判例変更を必要とする説得力ある理由を判決文の中に明記すること】

が求められる。

　しかしながら、平成29年大法廷判決（参）は、①判例変更した旨の文言及び②従前の判例がどの点で誤っており、新判例がどの点で正しいのか、判例変更の理由が、判決文に明記されておらず、最大判昭48.4.25（全農林警職法事件）の【判例変更についての判例】に反しているので、本件選挙においては、【平成24年大法廷判決（参）及び平成26年大法廷判決（参）の投票価値の較差に関する２段階の判断枠組みの①段階及び②段階の各審査の判断基準の判例】の判例拘束力が維持される、と解される（但し、同②段階の審査の基準は、憲法98条１項に反するので、憲法98条１項の後段により、「その効力を有しない」が。（上記Ｖ２〈本書38〜42頁〉参照）。

　(3)　【平成24年大法廷判決（参）及び平成26年大法廷判決（参）の投票価値の較差に関する２段階の判断枠組みの①段階及び②段階の各審査の判断基準の判例】に照らせば、本件選挙の定数配分規定の下での選挙区間の投票価値の不均衡は、違憲状態に至っていると解される。

　本件選挙は、上記のとおり、違憲状態に至っており、比例代表選出議員が存在するので、昭和51年大法廷判決に拘束されて、憲法98条１項後段により、「その効力を有しない」、と解される（上記Ｖ２〈本書38〜42頁〉；上

記Ⅵ1⑵〈本書50〜52頁〉参照）。

（後記）

　共同通信社（2020年1月16日配信）は、

> 「司法試験に合格し、新たに裁判官として採用された判事補75人の
> 辞令交付式が16日、最高裁で開かれ、大谷直人長官が「判決に対す
> る非難や批判から逃げず、受け止める覚悟を持ってほしい」と訓示
> した。
>
> 　大谷長官は一人一人に辞令を手渡した後にあいさつした。当事者
> 双方の主張が真っ向から対立する事件では「どのような判決を書い
> ても『不当だ』との非難は免れない」とした上で「**なぜ敗訴した側
> の主張が採用できないか、判決の中できちんと整理して示すことが
> 必要だ**」（強調　引用者）と説いた。」

と報じた。

　原審原告らを代理する筆者ら弁護士グループは、本件選挙無効請求訴訟
の上告審が、判決の中で、同弁護士グループの主張する統治論等を採用し
ない場合は、当該大谷直人最高裁長官の訓示の趣旨のとおり、なぜ、**当該
統治論等が採用されないか、「判決中できちんと整理して示」**（強調　引用
者）されるよう、憲法76条3項、99条、民事訴訟法253条1項3号、行政
訴訟法7条に基づき、強く要請する（上記Ⅰ5⑷〈本書11頁〉参照）。

【7の大法廷判決および107*の高裁判決の一覧表】

*筆者ら弁護士グループの提訴に係る106の判決（衆）（参）と山口弁護士グループの提訴に係る1の判決（衆）の合計

No.		判決日	裁判所	判　断	裁判官 (筆頭：裁判長)
		【平21衆院選】高裁：違憲・違法(4)　違憲状態(2)　合憲(2)			
1		平21／12／28	大阪高裁	違憲・違法	成田喜達　髙橋善久　前原栄智
2		平22／1／25	広島高裁	違憲・違法	廣田聰　中山節子　松葉佐隆之
3		3／9	福岡高裁那覇支部	違憲状態	河邉義典　森鍵一　山﨑威
4		3／11	東京高裁	合憲	稲田龍樹　原啓一郎　内堀宏達
5		3／12	福岡高裁	違憲・違法	森野俊彦　小野寺優子　瀬戸さやか
6		3／18	名古屋高裁	違憲・違法	高田健一　上杉英司　堀禎男
7		4／8	高松高裁	違憲状態	杉本正樹　大藪和男　市原義孝
8		4／27	札幌高裁	合憲	井上哲男　中川博文　村野裕二
	最高裁1	平23／3／23	最高裁大法廷	違憲状態 (一人別枠廃止)	竹﨑博允　古田佑紀　那須弘平　田原睦夫　宮川光治　櫻井龍子　竹内行夫　金築誠志　須藤正彦　千葉勝美　横田尤孝　白木勇　岡部喜代子　大谷剛彦　寺田逸郎 【補足意見】竹内行夫　【補足意見】須藤正彦（1人1票）【意見】古田佑紀【反対意見】田原睦夫（違法宣言）【反

					対意見】宮川光治（１人１票）（違法宣言）

【平22参院選】高裁：違憲・違法(3)　違憲状態(11)				
9		平22／11／17	東京高裁	違憲・違法	南敏文　野村高弘　棚橋哲夫
10		12／10	広島高裁	違憲状態	小林正明　井上一成　野上あや
11		12／16	広島高裁岡山支部	違憲状態	高田泰治　檜皮高弘　金光秀明
12		12／24	仙台高裁	違憲状態	小野貞夫　綱島公彦　高橋彩
13		平23／1／25	仙台高裁秋田支部	違憲状態	高野芳久　山﨑克人　三井大有
14		1／25	高松高裁	違憲・違法	小野洋一　釜元修　金澤秀樹
15		1／25	福岡高裁那覇支部	違憲状態	橋本良成　森鍵一　山﨑威
16		1／26	広島高裁松江支部	違憲状態	中野信也　上寺誠　池田聡介
17		1／28	大阪高裁	違憲状態	紙浦健二　川谷道郎　神山隆一
18	人口比例1	1／28	福岡高裁	違憲・違法（「人口比例選挙」判決）	廣田民生　高橋亮介　塚原聡
19		1／28	福岡高裁宮崎支部	違憲状態	横山秀憲　川﨑聡子　空閑直樹
20		2／24	札幌高裁	違憲状態	井上哲男　中島栄　中川博文
21		2／24	名古屋高裁	違憲状態	渡辺修明　嶋末和秀　末吉幹和
22		2／28	名古屋高裁金沢支部	違憲状態	山本博　佐野信　浅岡千香子
	最高裁	平24／10／17	最高裁大法	違憲状態①「参院選	竹﨑博允　田原睦夫

84

	2		廷	の選挙であること自体から直ちに投票価値の平等の要請が後退してよいと解すべき理由は見いだし難い）、②都道府県を選挙区の単位とすることの否定）	櫻井龍子　竹内行夫　金築誠志　須藤正彦　千葉勝美　横田尤孝　白木勇　岡部喜代子　大谷剛彦　寺田逸郎　大橋正春　山浦善樹　小貫芳信 【補足意見】櫻井龍子　【補足意見】金築誠志　【補足意見】千葉勝美　【意見】竹内行夫　【反対意見】田原睦夫（違法・事情）【反対意見】須藤正彦（違法宣言）【反対意見】大橋正春（違法宣言）

		【平24衆院選】高裁：違憲・違法⑾　違憲状態⑵　違憲・無効（2＝1＋1（山口））			
23	人口比例2	平25／3／6	東京高裁	違憲・違法（「人口比例選挙」判決）	難波孝一　中山顕裕　野口忠彦
24		3／7	札幌高裁	違憲・違法	橋本昌純　中島栄　佐藤重憲
25		3／14	仙台高裁	違憲・違法	宮岡章　本多幸嗣　楠松晴子
26		3／14	名古屋高裁	違憲状態	加藤幸雄　河村隆司　達野ゆき
27	人口比例3	3／18	福岡高裁	違憲状態（「人口比例選挙」判決）	西謙二　足立正佳　島田正人
28	人口比例4	3／18	名古屋高裁金沢支部	違憲・違法（「人口比例選挙」判決）	市川正巳　藤井聖悟　小川紀代子
29		3／22	高松高裁	違憲・違法	小野洋一　池町知佐

					子　大嶺崇
30	人口比例 5	3／25	広島高裁（山口弁護士グループ）	**違憲・無効**（実質的な「人口比例選挙」判決：「国会の広範な裁量権は、…民主的政治過程のゆがみを是正するという極めて高度の必要性から、制約を受ける」）	筏津順子　井上秀雄 絹川泰毅
31		3／26	広島高裁松江支部	**違憲・違法**	塚本伊平　小池晴彦 高橋綾子
32	人口比例 6	3／26	広島高裁岡山支部	**違憲・無効**（「人口比例選挙」判決）	片野悟好　檜皮高弘 濱谷由紀
33		3／26	福岡高裁宮崎支部	**違憲・違法**	横山秀憲　三井教匡 空閑直樹
34		3／26	福岡高裁那覇支部	**違憲・違法**	今泉秀和　岡田紀彦 並河浩二
35		3／26	広島高裁	**違憲・違法**	小林正明　田村政巳 中尾隆宏
36		3／26	大阪高裁	**違憲・違法**	小松一雄　遠藤曜子 平井健一郎
37		3／27	仙台高裁秋田支部	**違憲・違法**	久我泰博　有賀直樹 押野純
	最高裁 3	平25／11／20	最高裁大法廷	**違憲状態**（鬼丸判事：「人口比例選挙」の反対意見）	竹﨑博允　櫻井龍子 金築誠志　千葉勝美 横田尤孝　白木勇 岡部喜代子　大谷剛彦　寺田逸郎　大橋正春　山浦善樹　小貫芳信　鬼丸かおる 木内道祥

					【意見】鬼丸かおる（1人1票）【反対意見】大谷剛彦（違憲・事情）【反対意見】大橋正春（違法宣言）【反対意見】木内道祥（違法宣言）

	【平25参院選】高裁：違憲・違法(1)　違憲状態(12)　違憲・無効(1)				
38	人口比例7	平25／11／28	広島高裁岡山支部	違憲・無効（「人口比例選挙」判決）	片野悟好　濱谷由紀　山本万起子
39		12／5	広島高裁	違憲状態	宇田川基　近下秀明　丹下将克
40		12／6	札幌高裁	違憲状態	山﨑勉　馬場純夫　湯川克彦
41		12／16	名古屋高裁金沢支部	違憲状態	市川正巳　寺本明広　小川紀代子
42		12／16	高松高裁	違憲状態	山下寛　政岡克俊　安達玄
43		12／17	福岡高裁那覇支部	違憲状態	今泉秀和　岡田紀彦　並河浩二
44		12／18	大阪高裁	違憲・違法	山田知司　水谷美穂子　和久田道雄
45		12／18	名古屋高裁	違憲状態	林道春　内堀宏達　濱優子
46		12／19	福岡高裁	違憲状態	一志泰滋　足立正佳　島田正人
47		12／20	福岡高裁宮崎支部	違憲状態	田中哲郎　三井教匡
48		12／20	東京高裁	違憲状態	田村幸一　高橋光雄　浅見宣義
49		12／20	仙台高裁	違憲状態	木下秀樹　阿閉正則　中島朋宏

50		12／25	広島高裁 松江支部	違憲状態	塚本伊平　小池晴彦 高橋綾子
51		12／26	仙台高裁 秋田支部	違憲状態	久我泰博　有賀直樹 押野純
	最高裁 4	平26／11／26	最高裁大法廷	違憲状態 （鬼丸判事：「人口比例選挙」の反対意見、山本判事：「人口比例選挙」の反対意見）	寺田逸郎　櫻井龍子　金築誠志　千葉勝美　白木勇　岡部喜代子　大谷剛彦　大橋正春　山浦善樹　小貫芳信　鬼丸かおる　木内道祥　山本庸幸　山﨑敏充　池上政幸 【補足意見】櫻井龍子、金築誠志、岡部喜代子、山浦善樹、山﨑敏充　【補足意見】千葉勝美　【反対意見】大橋正春（違法宣言）【反対意見】鬼丸かおる（違法宣言・1人1票）【反対意見】木内道祥（違法宣言）【反対意見】山本庸幸（1人1票・価値0.8以下は無効）

	【平26衆院選】高裁：違憲・違法(1)　違憲状態(11)　合憲(2)				
52		平27／3／19	東京高裁	合憲	大段亨　河村浩　森脇江津子
53		3／20	名古屋高裁	違憲状態	揖斐潔　真鍋美穂子　片山博仁
54		3／23	大阪高裁	違憲状態	志田博文　下野恭裕　井田宏
55		3／24	広島高裁	違憲状態	野々上友之　水谷美穂子　田村正巳
56		4／24	札幌高裁	違憲状態	佐藤道明　古河謙一

					馬場純夫
57		3／24	仙台高裁 秋田支部	違憲状態	山田和則　有賀直樹 押野純
58		3／25	名古屋高裁 金沢支部	違憲状態	内藤正之　藤井聖悟 寺本明広
59		3／25	高松高裁	合憲	生島弘康　村上泰彦 井川真志
60	人口比 例8	3／25	福岡高裁	違憲・違法 （「人口比例 選挙」判決）	髙野裕　吉村美夏子 上田洋幸
61		3／25	広島高裁 松江支部	違憲状態	塚本伊平　内田貴文 堀田匡
62		3／26	福岡高裁 那覇支部	違憲状態	須田啓之　岡田紀彦 並河浩二
63		3／27	福岡高裁 宮崎支部	違憲状態	佐藤明　三井教匡 下馬場直志
64		4／9	仙台高裁	違憲状態	古久保　正人　鈴木 陽一　男澤聡子
65		4／28	広島高裁 岡山支部	違憲状態	片野悟好　山本万起 子　進藤壮一郎
	最高裁 5	平27／11／25	最高裁大法 廷	違憲状態 （鬼丸判事： 「人口比例選 挙」の反対 意見）	寺田逸郎　櫻井龍子 千葉勝美　岡部喜代 子　大谷剛彦　大橋 正春　山浦善樹　小 貫芳信　鬼丸かおる 木内道祥　山﨑敏充 池上政幸　大谷直人 小池裕 【補足意見】千葉勝 美　【意見】櫻井龍 子、池上政幸　【反 対意見】大橋正春 （判決6か月後無効） 【反対意見】鬼丸か おる（違法宣言・1 人1票）【反対意 見】木内道祥

					（12／295選挙区は無効）

【平28参院選】 高裁：違憲状態(9) 合憲(5)					
66		平28／10／14	広島高裁 岡山支部	違憲状態	松本清隆　進藤壮一郎　永野公規
67		10／17	名古屋高裁 金沢支部	違憲状態	内藤正之　大野博隆 能登謙太郎
68		10／18	東京高裁	合憲	小林昭彦　飯塚圭一 石垣陽介
69		10／18	高松高裁	合憲	吉田肇　原司　尾河吉久
70		10／19	福岡高裁 宮崎支部	合憲	西川知一郎　下馬場直志　秋元健一
71		10／19	仙台高裁 秋田支部	違憲状態	山田和則　有冨正剛 谷口吉伸
72		10／20	福岡高裁 那覇支部	合憲	多見谷寿郎　蛭川明彦　神谷厚毅
73		10／20	大阪高裁	違憲状態	中村哲　石原稚也 堀部亮一
74		10／26	広島高裁 松江支部	違憲状態	栂村明剛　内田貴文 堀田匡
75		10／28	広島高裁	違憲状態	森一岳　水谷美穂子 日暮直子
76		10／31	福岡高裁	違憲状態	金村敏彦　山之内紀行　坂本寛
77		11／2	札幌高裁	合憲	佐藤道明　細島秀勝 飯淵健司
78		11／7	仙台高裁	違憲状態	市村弘　鈴木桂子 佐藤卓
79		11／8	名古屋高裁	違憲状態	孝橋宏　末吉幹和 森淳子
	最高裁6	平29／9／27	最高裁大法廷	「今後の投票価値の較差の更なる是正に向けて	寺田逸郎　岡部喜代子　小貫芳信　鬼丸かおる　木内道祥

				の方向性と立法府の決意」を評価して、留保付合憲（鬼丸判事：「人口比例選挙」の反対意見、山本判事：「人口比例選挙」の反対意見）	山本庸幸　山﨑敏充　池上政幸　大谷直人　小池裕　木澤克之　菅野博之　山口厚　戸倉三郎　林景一 【意見】木内道祥【意見】林景一（1人1票理想）【反対意見】鬼丸かおる（違法宣言・1人1票）【反対意見】山本庸幸（1人1票・2割程度以上は無効）

		【平29衆院選】	高裁：違憲状態(1)　留保付合憲(12)　合憲(1)		
80		平30／1／19	福岡高裁那覇支部	留保付合憲	多見谷寿郎　蛭川明彦　神谷厚毅
81		1／30	仙台高裁秋田支部	留保付合憲	山本剛史　有冨正剛　谷口吉伸
82		1／30	東京高裁	留保付合憲	阿部潤　岡野典章　篠田賢治
83		1／31	高松高裁	留保付合憲	石原稚也　坂上文一　林啓治郎
84		1／31	大阪高裁	留保付合憲	中本敏嗣　橋詰均　藤野美子
85		1／31	名古屋高裁金沢支部	留保付合憲	内藤正之　鳥飼晃嗣　大野博隆
86		2／2	仙台高裁	留保付合憲	小林久起　杉浦正典　坂本浩志
87		2／5	福岡高裁	留保付合憲	阿部正幸　坂本寛　横井健太郎
88		2／6	札幌高裁	合憲	竹内純一　髙木勝己　小原一人
89		2／7	名古屋高裁	違憲状態	藤山雅行　朝日貴浩　金久保茂

90		2／15	広島高裁 岡山支部	留保付合憲	松本清隆　永野公規 西田昌吾
91		2／19	福岡高裁 宮崎支部	留保付合憲	西川知一郎　秋元健一　小川暁
92		2／21	広島高裁 松江支部	留保付合憲	栂村明剛　光吉恵子 田中良武
93		3／30	広島高裁	留保付合憲	三木昌之　山本正道 長丈博
	最高裁 7	平30／12／19	最高裁大法廷	「平成28年改正法（アダムズ方式）成立とその内容」を考慮する、留保付合憲（鬼丸判事：「人口比例選挙」の反対意見、山本判事：「人口比例選挙」の反対意見　林景一判事：「人口比例選挙」の意見　宮崎判事：「人口比例選挙」の意見）	大谷直人　岡部喜代子　鬼丸かおる　山本庸幸　山﨑敏充　池上政幸　小池裕　木澤克之　菅野博之　山口厚　戸倉三郎　林景一　宮崎裕子　深山卓也　三浦守 【意見】林景一（1人1票）【意見】宮崎裕子（1人1票）【反対意見】鬼丸かおる（違法宣言・1人1票）【反対意見】山本庸幸（1票価値が0.8以下の選挙区は無効・1人1票）

【平30参院選】高裁：違憲状態(2)　留保付合憲(12)					
94		令1／10／16	高松高裁	違憲状態	神山隆一　寺西和史 横地大輔
95		1／10／24	札幌高裁	違憲状態	冨田一彦　目代真理 宮﨑純一郎
96		1／10／25	仙台高裁 秋田支部	留保付合憲	潮見直之　藤原典子 馬場嘉郎
97		1／10／29	名古屋高裁 金沢支部	留保付合憲	田中寿生　細川二朗 峯金容子

98		1／10／29	大阪高裁	留保付合憲	石井寛明　和久田斉上田賀代
99		1／10／30	福岡高裁宮崎支部	留保付合憲	髙橋文清　小崎賢司小川暁
100		1／10／30	東京高裁	留保付合憲	八木一洋　柴﨑哲夫今井弘晃
101		1／10／31	広島高裁岡山支部	留保付合憲	塩田直也　榎本康浩西田昌吾
102		1／11／5	仙台高裁	留保付合憲	山本剛史　畑一郎齊藤顕
103		1／11／6	広島高裁松江支部	留保付合憲	金子直史　三島琢田中良武
104		1／11／7	名古屋高裁	留保付合憲	戸田久　水谷美穂子髙橋信幸
105		1／11／8	福岡高裁	留保付合憲	西井和徒　上村考由佐伯良子
106		1／11／13	福岡高裁那覇支部	留保付合憲	大久保正道　本多智子　平山俊輔
107		1／11／13	広島高裁	留保付合憲	金村敏彦　絹川泰毅近藤義浩

＊　全107個の高裁判決については、一人一票実現国民会議のホームページの「１人１票裁判とは？」（https://www.ippyo.org/topics/saiban.html）の中に、各選挙ごとの裁判の「原審結果はこちら」の表示があり、そこをクリックすると、各高裁判決結果の一覧表が表示される。その一覧表の中の各高裁判決部分をクリックすると、判決のPDFが表示される。

事項索引

人名索引

判例索引

法令索引

《著者紹介》

升永 英俊（ますなが ひでとし）　弁護士

●――略歴
1942年　生
1961年　東京都立戸山高等学校卒業
1965年　東京大学法学部卒業
　　　　住友銀行勤務
1973年　東京大学工学部卒業
　　　　第一東京弁護士会登録
1979年　コロンビア大学ロースクール卒業（LL.M.）
1981年　米国首都ワシントン D.C. 弁護士資格取得
1984年　ニューヨーク州弁護士資格取得
2008年　TMI 総合法律事務所にパートナーとして参画

統治論に基づく人口比例選挙訴訟（とうちろんに もとづく じんこう ひ れいせんきょ そしょう）

2020年3月31日　第1版第1刷発行

著　者――升永英俊
発行所――株式会社　日本評論社
　　　　　〒170-8474 東京都豊島区南大塚3-12-4
　　　　　電話03-3987-8621（販売：FAX－8590）
　　　　　　　　03-3987-8592（編集）
　　　　　https://www.nippyo.co.jp/　振替　00100-3-16
印刷所――精文堂印刷株式会社
製本所――株式会社難波製本
装　丁――図工ファイブ